R.2241. porté
  7.A.

12083

RECHERCHES

PHILOSOPHIQUES

Sur l'origine des idées que nous avons
du Beau & du Sublime.

RECHERCHES

PHILOSOPHIQUES

Sur l'origine des idées que nous avons du Beau & du Sublime,

PRÉCÉDÉES D'UNE DISSERTATION

SUR LE GOUT,

Traduites de l'Anglois de M. Burke,

Par l'Abbé DesFrançois.

TOME I.

A LONDRES,

Et se vend à Paris,

Chez Hochereau, Quai de Conti, vis-à-vis
les Marches du Pont-neuf, au Phénix.

M. DCC. LXV.

A SON EXCELLENCE,

Milord Francis Seymour Conway, Comte d'Hertford, Vicomte de Beauchamp, Baron de Conway & de Kilultah, Chevalier de l'Ordre de la Jarretière, Ministre du Conseil Privé du Roi, & Gentilhomme de sa Chambre, Lord-Lieutenant, & Garde des Archives du Comté de Warwick, Ambassadeur Extraordinaire, & Ministre Plénipotentiaire de Sa Majesté Britannique près Sa Majesté Très-Chrétienne.

MILORD,

Ç'A été sous les auspices de VOTRE EXCELLENCE que j'ai entrepris la Version que j'ai l'honneur de Vous dédier, c'eſt ſous les mêmes auſpices que je lui fais voir le jour. Appuyé du Nom Illuſtre dont vous avez bien voulu me permettre de décorer ce premier eſſai de ma plume, il ne peut manquer d'être bien reçu d'un Public auſſi judicieux qu'éclairé. Je dois d'autant plus compter ſur ſon ſuffrage, qu'en dédiant cet Ouvrage à VOTRE EXCELLENCE, je ne fais que rendre hommage à la Vertu. Je ſuis avec l'attachement le plus reſpectueux,

MILORD,

DE VOTRE EXCELLENCE,

Le très-humble & très-obéiſſant ſerviteur,
l'Abbé D.. F......

PRÉFACE

DU TRADUCTEUR.

QUOIQU'IL ne foit donné qu'à un très petit nombre d'hommes de créer, ou d'inventer, s'enfuit-il que tous les autres doivent fe contenter, de les admirer tacitement ? Il me femble que non. J'imaginerois au contraire que ceux qui ne fe fentent pas affez de forces pour voler de leurs propres ailes, comme ces hommes de génie qui feuls méritent le nom *d'Auteurs*, peuvent, ou comme *Imitateurs* les prendre pour modèles, & travailler d'après eux,

ou comme *Commentateurs* dévclop-
per , étendre leurs idées , lorfqu'elles
font trop compliquées , éclaircir celles qui fe trouvent obfcures , chercher
à perfectionner ce qu'il y a d'imparfait , ou bien comme *Critiques* recti-
fier leurs idées , ou la manière dont
ils les ont rendues ; ils peuvent enfin
comme *Traducteurs* fe livrer au talent
auffi utile que difficile de faire paffer
les idées d'une langue dans une autre.
Que de richeffes & de tréfors pour
les fciences & les arts , qui fans ce
talent refteroient comme enfouis, que
d'ouvrages d'agrément qui feroient
perdus pour le plus grand nombre !
Prenons pour exemple les productions
Angloifes aufquelles notre langue a

procuré le double avantage d'inftruire, & de plaire dans toutes les parties du Monde. N'eft-ce pas à des Traducteurs fidèles & quelquefois élégans, que que nous devons la connoiffance que nous avons de la fublimité de Milton, & de celle de Shakefpear, de la profondeur de Locke, de l'agréable morale d'Addiffon, de l'harmonieufe délicateffe de Pope ? Connoitrions-nous fans leur fecours cette excellente Hiftoire d'Angleterre, où l'on voit avec autant de plaifir que de fatisfaction, le précieux affemblage (1) de ce qu'on

(1) L'Auteur y a mis tant de vérité & d'exactitude, tant d'impartialité & de philofophie, le ftile en eft fi pur & fi élégant, on voit tant de nobleffe & de chaleur dans fes expreffions, enfin fes *portraits*,

ne trouve que difperfé dans toutes celles qui l'ont précédée ?

Je cours aujourd'hui la carrière des
derniers, & c'eft moins pour éprouver
mes talens, que pour chercher à me
rendre utile à la Patrie. Si ma verfion
me procure cet avantage, je recon-
nois d'avance que je le devrai en partie à un jeune Seigneur Anglois auffi
diftingué par fes talens & les graces
de fon efprit, que par fes vertus, &
les qualités de fon cœur, qui m'a en-
gagé à l'entreprendre. Les difficultés,
bien loin de me décourager, ont été
un motif de plus pour m'y détermi-

ainfi que fes *tableaux*, font fi bien faits, que l'on
peut dire avec raifon, que cette Hiftoire eft la meilleure qui ait jamais été écrite.

ner. Cependant, quoique je croie avoir rendu l'Original avec exactitude quant au fonds, je crains fort qu'il n'ait perdu confidérablement du côté du ftile.

J'imagine que ces Recherches feront d'autant plus de plaifir, qu'il me femble que nous n'avons rien, ni de fuivi, ni de fi étendu fur ce fujet. Ce feroit ici le lieu de faire voir en quoi cet Ouvrage eft conforme aux traités du Beau, du Sublime, & du Gout, qui ont paru jufqu'a préfent, & en quoi il en diffère; mais je crois la chofe inutile, car je penfe que ceux, qui liront cette verfion, connoiffent les Croufaz, les André, les Dubos, les Montefquieu, &c, &c.

Je me contenterai de dire que notre Auteur n'a pas travaillé uniquement pour les Savans & les Artiftes, il a voulu que le beau Sèxe pût profiter de fon Ouvrage. Bien loin d'abandonner les Femmes à la frivolité, qui paffe pour être le feul objet de leurs foins, mais qu'on doit regarder comme une conféquence de leur raifonnement, puifqu'elles font obligées de l'employer pour plaire, perfuadé, convaincu qu'elles penfent, réfléchiffent, & raifonnent, il a voulu raifonner pour elles & avec elles; en effet, examinons-le, & nous verrons qu'il s'énonce partout avec tant de clarté qu'on l'entend toujours; il marche avec tant de fageffe que jamais il n'égare; on penfe avec lui, & prefque toujours comme lui. Ce n'est point à des argumens durs & assommans qu'il a recours pour subjuguer la raison, il se contente de lui faire une douce violence, en la conduisant de principes en principes jusqu'au moment, où il l'a fait conclure avec lui, que son Sistème a toute la probabilité que l'on peut exiger dans des matières de cette nature.

Voilà la manière dont il m'a affecté, s'il affecte de même mes Lecteurs, j'aurai rempli mon objet.

ERRATA

du Tome I.

PAGE 21 *ligne* 2. plaifirs & les douleurs, *lifez* douleurs & les plaifirs.

Page 25 *l.* 14. l'on ne s'étoit pas, *lifez* fi l'on ne s'étoit pas.

Page 28 *l.* 14. la douleur, *lif.* pour la douleur.

Page 46 *l.* 13. de leurs vies, *lif.* de leur vie.

Page 70 *l.* 13. toutes fi différentes, *lif.* toutes, fi différente.

Page 86 *l.* 14. le tems, la faifon, *lif.* la faifon, le tems.

Page 142 *l.* 11. faire l'une ou l'autre, *lifez* caufer l'une ou l'autre.

Page 182 *l.* 16. l'encenfoire, *lifez* l'encenfoir.

TABLE

TABLE

DES MATIERES

Contenues dans ce Volume.

*E*PITRE *Dédicatoire.*   Page iij

Préface du Traducteur.   v

Préface de l'Auteur.   I

*Differtation fur le Goût, pour fervir d'intro-
duction aux Recherches fuivantes.*   II

RECHERCHES PHILOSOPHIQUES, &c.

PREMIERE PARTIE.

SECTION PREMIERE. *De la Nouveauté.*   57

SECTION II. *De la Douleur & du Plaifir.*   60

SECTION III. *Différence entre la privation de
la Douleur & le Plaifir pofitif.*   65

SECTION IV. *Du Contentement & du Plaifir
en tant qu'ils font oppofés l'un à l'autre.*   69

SECTION V. *De la Joie & du Chagrin.*   73

Tome I.   *

TABLE

SECTION VI. *Des passions qui appartiennent à la conservation de soi-même.* Page 77

SECTION VII. *Du Sublime.* 78

SECTION VIII. *Des passions qui regardent la Société.* 81

SECTION IX. *De la cause finale de la différence qu'il y a entre les passions qui regardént la conservation de soi-méme, & celles qui ont pour objet la société des Sèxes.* 84

SECTION X. *De la Beauté.* 87

SECTION XI. *De la Société & de la Solitude.* 90

SECTION XII. *De la Simpatie, de l'Imitation & de l'Ambition.* 92

SECTION XIII. *De la Simpatie.* 93

SECTION XIV. *Des effets de la Simpatie dans les malheurs d'autrui.* 95

SECTION XV. *Des effets de la Tragédie.* 99

SECTION XVI. *De l'Imitation.* 104

SECTION XVII. *De l'Ambition.* 107

SECTION XVIII. *Récapitulation.* 110

SECTION XIX. *Conclusion.* 113

DES MATIERES.

RECHERCHES PHILOSOPHIQUES, &c.

SECONDE PARTIE.

SECTION PREMIERE. *De la passion que produit le Sublime.* Page 121

SECTION II. *De la Terreur.* 123

SECTION III. *De l'Obscurité.* 126

SECTION IV. *De la différence qui se trouve entre la Clarté & l'Obscurité, à l'égard des passions.* 129

SECTION V. *Du Pouvoir.* 141

SECTION VI. *De la Privation.* 159

SECTION VII. *De la Grandeur quant à l'étendue.* 161

SECTION VIII. *De l'Infinité.* 164

SECTION IX. *De la Succession & de l'Uniformité des parties.* 167

SECTION X. *De la Grandeur dans les Edifices.* 172

SECTION XI. *De l'Infinité dans les Objets agréables.* 174

TABLE DES MATIERES.

SECTION XII. *De la Difficulté.* Page 176

SECTION XIII. *De la Magnificence.* 177

SECTION XIV. *De la Lumière.* 183

SECTION XV. *De la Lumière dans les Bâti-mens.* 187

SECTION XVI. *De la Couleur considérée comme productrice du Sublime.* 188

SECTION XVII. *Du Son, & du Bruit excessif.* 190

SECTION XVIII. *Du Son, ou du Mouvement subit.* 192

SECTION XIX. *Du Son, ou du Mouvement interrompu.* 194

SECTION XX. *Des cris des Animaux.* 196

SECTION XXI. *De l'Odorat & du Gout; des Amers & des choses Puantes.* 198

SECTION XXII. *De la Sensation que produit le toucher, & de la Douleur.* 202

Fin la Table des Matières du Tome I.

PRÉFACE

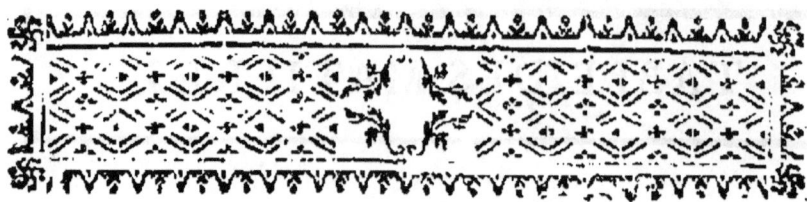

PRÉFACE

DE L'AUTEUR.

COMME je voulois rendre cette seconde édition plus parfaite & plus satisfaisante que la première, j'ai rassemblé avec beaucoup d'exactitude tout ce qui a été écrit contre mes idées, je l'ai lu avec la plus grande attention. Mes amis ne m'ont pas peu servi; par leur candeur & leur franchise, ils m'ont mis en état de voir tous les défauts de mon ouvrage. Aussi n'ai-je rien épargné pour les faire disparoître. J'y ai travaillé avec d'autant plus de plaisir, que j'avois entr'autres motifs l'indulgence avec laquelle il a été accueilli, tout imparfait qu'il étoit, quand je lui ai fait voir le jour. Quoique je n'aie point trouvé de raison suffisante, ou que je n'aie pas cru en avoir, pour faire des changemens

Tome I, A

confidérables dans mon fiftème, il m'a paru
qu'il s'y trouvoit des endroits qui avoient befoin d'explications, d'exemples, d'un peu plus
de force, j'y ai pourvu. J'ai de plus augmenté
cet ouvrage d'une Differtation fur le Gout.
Outre que le fujet eft curieux par lui-même,
il peut fervir d'introduction à ces Recherches.
Si j'ai groffi mon Livre, je puis avoir en
même tems multiplié mes fautes. Ce n'eft
pas que je n'y aie employé toute l'attention
dont je fuis capable. Quoi qu'il en foit, j'a-
vouerai que je crois avoir encore plus befoin
d'indulgence que lorfqu'il a paru pour la première fois.

Ceux qui font accoutumés à étudier des matières de la nature de celle-ci, favent qu'il s'y
trouve toujours beaucoup de fautes ; j'efpère
qu'ils me pafferont celles qu'ils rencontreront.
Ils n'ignorent pas qu'il y a dans la matière que
nous traitons bien des objets de recherche obf-
curs & compliqués, & qu'il en eft beaucoup

d'autres que des rafinemens affectés ont rendus tels. Ils font convaincus que ce fujet eft rempli de difficultés ; que les préjugés des autres , ainfi que les nôtres même , font des obftacles confidérables qui font qu'il eft fort difficile de faire paroitre fous fon vrai jour la nature telle qu'elle eft. Ils fçavent enfin que tandis que l'efprit examine le fiftème général des chofes , il faut qu'il lui en échappe quelques particularités , & que nous fommes fouvent obligés de foumettre notre ftyle au fujet , & de renoncer au charme flatteur de la louange que nous mériteroit l'élégance , pour nous borner à la fimple clarté.

Les caractères de la nature fe lifent , il eft vrai , mais ils ne font pas affez marqués pour que ceux qui courent puiffent les bien lire. Nous ne devons procéder qu'avec beaucoup de précaution , qu'en tremblant même , fi je puis m'exprimer ainfi. Le vol n'eft point fait pour nous , puifqu'il eft très certain que

nous pouvons à peine prétendre d'aller terre à
terre. Lorfque nous examinons un fujet com-
plèxe, il faut que nous paffions en revue toutes fes parties les unes après les autres, que
nous les réduifions toutes, autant qu'il nous
eft poffible, à leur première fimplicité. Notre nature veut que nous nous reftreignions
à une loi ftricte, & que nous nous renfer-
mions dans des bornes fort étroites. Nous
devons faire enfuite un nouvel examen des
principes fuivant l'effet de l'enfemble, auffi-
bien que de l'enfemble fuivant celui des principes. Il faut que nous comparions notre fujet
avec des chofes d'une nature femblable, &
même avec des chofes d'une nature oppofée;
car on peut faire, & l'on fait fouvent par
le contrafte, des découvertes qui échappe-
roient, fi l'on n'avoit pas recours aux comparaifons. Plus nous en faifons, plus nous éten-
dons nos connoiffances, & plus nous acqué-
rons de certitude, fondées comme elles font,

fur des inductions & plus nombreuses, & plus certaines.

Si, en suivant ce plan, malgré tous les soins & toute l'exactitude que nous y aurions apportés, nous finissions par ne pas pouvoir découvrir la vérité, nous n'en retirerions peut-être pas moins d'utilité pour cela, puisque cette recherche nous feroit voir la foiblesse de notre entendement. Si elle n'étendoit pas le cercle de nos connoissances, elle nous enseigneroit du moins à être modestes. Peut-être ne nous préserveroit-elle pas de l'erreur, du moins elle nous empêcheroit de courir le risque d'y tomber; en nous faisant voir qu'après tant de peine & de travail il se trouve encore tant de difficultés & d'incertitudes, elle nous apprendroit qu'il ne faut prononcer qu'avec prudence, & qu'on ne doit point le faire avec précipitation.

Je souhaiterois fort qu'en examinant mon fiftème, on voulût bien suivre la méthode

dont j'ai tâché de ne pas m'écarter en le com-
pofant. Les objections devroient, je penfe,
n'attaquer que les différens principes confidé-
rés féparément, ou la juftelle des conféquences que l'on en tire ; mais il n'eft que trop
ordinaire de pafler rapidement les prémifles
& la conféquence , & de produire comme
objections des pafflages poétiques , dont il ne
paroit pas qu'on puifle rendre aifément raifon felon les principes que je tâche d'établir.
J'imaginerois que cette manière de procéder
eft fort impropre. Le travail feroit infini ,
fi nous ne pouvions établir de principes
qu'après avoir d'abord développé la combi-
naifon de toutes les images , de toutes les
defcriptions que l'on rencontre dans les
Poètes & dans les Orateurs. Quand nous ne
pourions jamais faire accorder l'effet de ces
images avec nos principes , cela ne renver-
feroit pas notre fiftème fondé, comme il eft,
fur des faits certains & inconteftables. Un

fiftème qui a pour fondement l'expérience,
& qui n'eft point hazardé, eft toujours bon
pour ce qu'il explique. L'incapacité où nous
fommes de le poufler jufqu'à l'infini, n'eft
point du tout une raifon fuffifante pour le
détruire. Cette incapacité peut venir de ce
que nous ignorons quelques médiums néceffaires, de ce que nos applications ne font
pas juftes, & de bien d'autres caufes, outre le défaut qui fe trouve dans les principes
que nous employons. Le fujet demande réellement beaucoup plus d'attention que la manière dont nous le traitons ne nous permet
d'en attendre.

Il faut que j'avertiffe mon Lecteur que je
n'ai pas prétendu faire une differtation com-
plette fur le Beau & le Sublime. J'ai borné
mes recherches à l'origine de ces idées. Si
l'on trouve que les qualités que j'ai rangées
fous l'article du Sublime s'accordent les unes
avec les autres, & qu'elles diffèrent toutes

de celles que j'ai placées fous l'article de la
Beauté : de même , fi dans celles qui compofent la claffe du Beau , on trouve la même
conformité entr'elles , & qu'elles foient également oppofées à celles de la claffe du Sublime , je dois peu m'embarraffer qu'on adopte le nom que je leur ai donné , ou non ,
pourvu qu'on convienne que les chofes que
je mets fous différens articles , font réellement différentes par leur nature. On poura
blâmer l'ufage que je fais des mots , mon
fens poura paroitre ou trop ferré , ou trop
étendu , mais il ne fera guères poffible qu'on
n'entende pas ce que je veux dire.

Je finis en affurant qne quelque peu confidérable que foit le progrès que je puis avoir
fait quant à la découverte de la vérité dans
le préfent ouvrage , je ne me repens point
de la peine que j'ai prife. Des recherches de
cette nature peuvent être fort utiles. Tout
ce qui fait revenir l'ame fur elle - même ,

tend à concentrer ses forces , & à la mettre
en état d'acquérir des connoissances plus éten-
dues & plus solides. En examinant les causes phisiques, notre esprit s'ouvre & s'étend,
& soit que nous réussissions , ou non, il est
certain que les efforts que nous avons faits,
nous sont toujours utiles. Cicéron, tout atta-
ché qu'il étoit à la philosophie de Platon,
& conséquemment tout porté qu'il étoit à
rejetter la certitude des connoissances phisiques , ainsi que de toute autre espèce de
connoissances, convient pourtant qu'elles sont
d'une très grande importance pour l'entendement humain. *Est animorum ingeniorum-*
que naturale quoddam quasi pabulum conside-
ratio contemplatioque naturæ. L'examen &
la contemplation de la nature sont une espèce
de nourriture naturelle pour l'esprit. S'il nous
est possible de nous servir des lumières que
nous tirons de ces spéculations élevées pour
éclairer notre imagination, lorsque nous cher-

chons les sources de nos paſſions, & que nous
en traçons le cours, non-seulement nous pourons communiquer au gout une espèce de so-
lidité philosophique, nous pourons encore
répandre sur les Sciences les plus difficiles
un peu de cette élégance, & quelques-unes
de ces graces, sans lesquelles la connoiſſance
la plus profonde aura toujours l'air de quelque chose de dur, & de rebutant.

DISSERTATION

SUR LE GOUT,

Pour servir d'introduction aux Recherches suivantes.

A Ne nous examiner que superficielle-ment, nous paroitrons peut-être diffé-rer considérablement les uns des autres, tant dans nos plaisirs que dans nos raisonnemens. Cependant, malgré cette différence qui, à ce que j'imagine, est plutôt apparente que réelle, il est probable que dans tous les hom-mes il n'est qu'un principe, soit pour le rai-sonnement, soit pour le *Gout*. En effet, s'ils ne jugeoient pas suivant quelques principes qui leur sont communs, si leurs sentimens n'étoient pas fondés sur ces mêmes princi-pes, il ne seroit pas possible de s'emparer de

leur raifon , ou de maitrifer leurs paffions au
point de maintenir la balance néceffaire dans
le commerce ordinaire de la vie. Tout le
monde convient qu'il y a quelque chofe de
fixe & de déterminé à l'égard de la vérité &
de la fauffeté. Nous rencontrons à chaque inftant des gens qui dans leurs difputes en ap-
pellent toujours à certains exemples , à certains modèles , & à certaines preuves , dont
tous les hommes conviennent , & qu'ils fup-
pofent qui font fondés fur notre nature. Mais
dans les principes uniformes & déterminés
qui ont rapport au *Gout* , on ne trouve ni le
même accord , ni la même analogie. Au contraire on fuppofe ordinairement qu'il n'y a
point d'exemples pour autorifer , point de mo-
dèle pour fixer ce fentiment délicat qui paroit
ne pas pouvoir fupporter le poids d'une définition. Comme il faut que le raifonnement foit
continuellement en exercice ; il acquiert tant
de force par des débats perpétuels , qu'il fem-

ble que les plus ignorans même conviennent tacitement de certaines maximes qu'adopte la faine raifon. Les Sçavans ont perfectionné cet art difficile, ils ont réduit toutes ces maximes en fiftème. Si le *Gout* n'a pas eu le même avantage, ce n'eft pas que le fujet fût fec & ftérile ; c'eft que ceux qui en ont traité étoient en petit nombre, ou qu'ils fe font négligés En effet, à parler vrai, l'intérêt, les motifs qui nous font fixer les principes du *Gout* ne font pas fi forts que ceux qui nous portent à établir les principes du raifonnement. De plus, fi les hommes diffèrent dans leur opinion fur les chofes qui regardent le *Gout*, il n'en réfulte pas des conféquences fi importantes. Autrement je ne doute pas que la logique du *Gout*, s'il m'eft permis de m'exprimer ainfi, ne pût s'arranger auffi bien, & que nous ne puffions difcuter des matières de cette nature avec autant de certitude, que celles qui paroiffent être plus

immédiatement du reffort de la pure raifon.
Il eft réellement fort néceffaire en commençant une recherche telle que la préfente,
d'éclaircir ce point autant qu'il eft poffible :
car fi le *Gout* n'a pas des principes fixes &
déterminés, fi l'imagination n'eft pas affectée
fuivant des loix invariables & certaines, notre
travail vraifemblablement ne fervira prefqu'à
rien, ce fera une chofe abfolument inutile,
pour ne pas dire abfurde, d'établir des loix
pour le caprice, & de fe donner pour un Lé-
giflateur de fantaifies.

Le terme *Gout*, comme mille autres termes figurés, n'eft pas fort clair. Il s'en faut
beaucoup que la chofe que nous voulons rendre par là, foit une idée fimple & déterminée
pour la plupart des hommes ; elle eft donc
fujette à l'incertitude & à la confufion. Je n'ai
pas grande idée d'une définition, reffource
ordinaire lorfqu'il s'agit de remédier à ces
défauts. Car, quand nous définiffons, nous

courons ordinairement le danger de renfermer la nature dans les bornes des idées que
nous raffemblons au hazard , ou que nous
adoptons fur la foi des autres , ou que nous
nous formons d'après un examen léger & par-
tial de l'objet que nous avons fous les yeux,
au lieu d'étendre nos propres idées pour comprendre tout ce que renferme la nature felon
fa manière de combiner. Nous nous trouvons fort refferrés dans le cours de nos recherches par les loix ftrictes que nous nous fommes prefcrites en commençant.

Circa vilem patulumque morabimur orbem
Unde pudor proferre pedem vetat, aut operis lex. *Hor. A. P.*

» Nous nous renfermons dans un cercle
» d'idées vulgaires & ufées, d'où nous ne
» pouvons plus nous tirer qu'en nous desho-
» norant , ou en violant les règles du fujet
» dont il s'agit.

Une définition peut être fort exacte, & en
même-tems ne contribuer que fort peu à nous

faire connoitre la nature de la chofe définie.
Quelle que foit la vertu d'une définition, dans
l'ordre des chofes elle paroit plutôt fuivre
que précéder nos recherches, dont elle doit
être regardée comme le réfultat. Il faut convenir que la manière de faire des recherches,
& celle d'enfeigner, peuvent quelquefois différer, & cela fans doute pour de bonnes raifons. Quant à moi, je fuis convaincu que
la manière d'enfeigner qui approche le plus
de celle de faire des recherches, eft fans comparaifon la meilleure. Elle ne fe contente pas
de préfenter un petit nombre de vérités fè-
ches & arides, elle mène à la fource d'où
elles fortent. Elle peut mettre le lecteur dans
le chemin de l'invention, & le diriger dans
les différentes routes dans lefquelles l'Auteur
a fait fes découvertes, fi tant eft qu'il ait eu
le bonheur d'en faire qui aient un certain
mérite.

Pour anéantir toute efpèce de chicane, je
crois

crois qu'il eſt à propos de dire que je n'en-
tends ici par le mot *Gout* que cette faculté,
ou plutôt ces facultés de l'eſprit qu'affectent
les ouvrages de l'imagination , ou qui en
portent un jugement. Je penſe que c'eſt là
l'idée du mot la plus générale. C'eſt ce qu'il
y a de moins lié à aucun ſiſtème particulier.
Mon but dans ces recherches eſt de voir s'il
eſt des principes ſuivant leſquels l'imagination
eſt affectée, qui ſoient aſſez communs, aſſez
bien fondés, & aſſez certains pour pouvoir procurer les moyens d'en raiſonner d'une manière ſatisfaiſante. Je crois qu'il en eſt de
ces principes. Peu m'importe que ceux là pren-
nent mon ſentiment pour un paradoxe, qui
après un examen ſuperficiel imaginent que la
différence dans les *Gouts* eſt ſi grande, tant
pour l'eſpèce que pour le dégré, qu'il ne peut
rien y avoir de plus indéterminé.

Tous les pouvoirs naturels de l'homme,
qui, ſuivant ce que j'en ſais, regardent les

Tome I.   B

objets extérieurs , font les fens, l'imagination , & le jugement. Examinons d'abord les
fens. Nous fuppofons , & il le faut , que ,
comme la conformation des organes eft ou
à peu près , ou exactement la même dans
tous les hommes , ainfi ils apperçoivent tous
de la même manière les objets extérieurs ,
ou bien la différence n'eft pas grande. Nous
favons , à n'en pouvoir douter , que ce qui
paroit léger à l'un , le paroit de même à un
autre ; que ce qui eft doux au palais de celui-
ci , l'eft également au palais de celui-là ; &
que ce que tel homme trouve amer , ou obfcur , tel autre le trouve auffi de même. Difons la même chofe du grand & du petit ,
du dur & du tendre , du chaud & du
froid , du raboteux & de l'uni , enfin de toutes les qualités , de toutes les affections naturelles des corps. Si nous allons jufqu'à imaginer que dans différens hommes les fens
préfentent aux uns les images des chofes , dif-

férentes de ce qu'elles font pour les autres,
ce procédé fceptique rendra toute efpèce de
raifonnement fur toutes fortes de fujets, inutile & frivole, comme fera pareillement le
raifonnement fceptique qui nous aura portés
à douter de l'accord de nos idées. Comme il
n'y aura prefque pas lieu de douter que les
corps préfentent également à toute l'efpèce
des images femblables, il faudra néceffaire-
ment convenir que les plaifirs & les douleurs
que chaque objet excite dans un homme, ce
même objet doit les faire naitre dans tous les
hommes, s'il agit naturellement, fimplement,
& uniquement par fes propres puiffances.
Pour nier cela, il faudroit que nous imagi-
naffions que la même caufe qui agit de la même manière, & fur des fujets de la même
efpèce, produit des effets différens, & cela
feroit extrêmement abfurde. Confidérons d'a-
bord la chofe dans celui des cinq fens de
l'homme, que l'on nomme le *Gout*, parce

B ij

que la faculté dont il est question ici, tire son nom de ce sens. Tous les hommes sont convenus d'appeller le vinaigre aigre, le miel doux, & l'aloès amer; & comme ils sont également convenus de trouver ces qualités dans ces objets, ils ne diffèrent point du tout les uns des autres au sujet de leurs effets quant au plaisir & à la douleur. Ils concourent tous à dire que la douceur est agréable, & que l'aigreur & l'amertume sont désagréables. On n'apperçoit à cet égard aucune différence dans leurs sentimens; & l'accord de tous les hommes sur les métaphores qui sont tirées de ce sens, qu'on nomme le *Gout*, fait bien voir qu'il n'en existe aucune. Tout le monde ne convient-il pas de l'énergie & de la propriété de ces expressions, un caractère aigre, des plaintes amères, &c? Il en est de même des contraires, un caractère doux, une personne douce, un état doux, & autres. Il faut avouer que la coutume, & quelques

autres caufes peuvent bien avoir changé les
plaifirs & les douleurs naturels, qui font du
reffort de ces différens *Gouts*; mais il refte
toujours jufqu'à la fin le pouvoir de diftinguer le *Gout* naturel du *Gout* acquis. Il arrive
fouvent qu'un homme parvient à préférer le
Gout du tabac à celui du fucre, & le fumet
du vinaigre à celui du lait; mais cela ne
confond pas les *Gouts*, quand il fent que le
tabac & le vinaigre ne font pas des chofes
douces, & qu'il fait qu'il n'y a que l'habitude qui ait pu accoutumer fon palais à ces
plaifirs étrangers. L'on peut même avec un
homme de cette efpèce parler des *Gouts* avec
affez de précifion. Si au contraire il s'en trouvoit un autre qui dît que pour lui le tabac a
le gout du fucre, & qu'il ne peut pas diftinguer le vinaigre du lait, ou bien que le tabac & le vinaigre font doux, que le lait eft
amer, & que le fucre eft aigre, nous conclu-
rions auffi-tôt que les organes de cet homme

font dérangés, & qu'il a le palais tout-à-fait gâté. Nous fommes auffi éloignés de parler *Gouts* avec un pareil homme, que nous le ferions de raifonner des rapports de la quantité avec quelqu'un qui nieroit que toutes les parties prifes enfemble font égales au tout. Ce ne feroit pas affez de dire que celui qui eft dans ce cas, fe trompe, qu'il a des idées fauffes, il faudroit aller plus loin, il faudroit le traiter de fou décidé. Des exceptions de cette efpèce en matière de *Gout*, ou de raifonnement, ne détruifent point du tout notre règle générale ; elles ne nous feront pas non plus conclure que les hommes ont des principes différens touchant les rapports de la quantité, ou le *Gout* des chofes. Ainfi quand on dit qu'on ne peut pas difputer des *Gouts*, on veut feulement dire qu'il n'eft pas poffible de fixer exactement le plaifir, ou la douleur que peut donner à tel ou tel homme, le *Gout* de telle ou telle chofe. C'eft ce qu'on ne doit pas contefter ; mais l'on peut, & même avec affez de clarté, difputer des chofes qui font naturellement agréables, ou défagréables à tel ou tel fens. Quand nous parlons de quelque *Gout*, foit naturel, ou acquis, il faut que nous connoiffions les habitudes, les préjugés, ou les maladies de la perfonne qui a ce *Gout*, & c'eft de ces chofes qu'il faut que nous tirions nos conféquences.

Cet accord du genre humain ne fe borne pas au *Gout* feulement. Le principe du plaifir qui vient de la vue eft le même dans tous les hommes. La lumière eft plus agréable que les ténèbres. L'été, cette faifon où la terre eft couverte de verdure, où le ciel eft ferein & brillant, n'eft-il pas plus agréable que l'hiver où tout paroit fi trifte. Je ne me rappelle pas qu'on ait montré, même à cent perfonnes différentes, un bel objet, foit un homme, ou une bête, ou un oifeau, ou une plante, fans qu'elles foient toutes convenues auffi-

B iv

tôt qu'il étoit beau , quoique pourtant il
ait pu s'en rencontrer qui le cruſſent au-deſ-
ſous de ce qu'elles eſpéroient de le trouver ,
ou qui penſaſſent qu'il y en avoit d'autres
encore plus beaux. Eſt-il quelqu'un qui diſe
qu'une oie ſoit plus belle qu'un cigne , ou
qui imagine que ce qu'on appelle poule d'in-
de ſoit au-deſſus d'un paon ? Je ne le croirois point. Il faut remarquer que les plaiſirs
de la vue ne ſont pas à beaucoup près ſi
compliqués , ni ſi confus , ni ſi altérés par
des habitudes & des aſſociations extraordinaires, que le ſont ceux du *Gout*. Cela vient
de ce que les plaiſirs de la vue ſe renferment
plus ordinairement en eux-mêmes , & de
ce qu'ils ne ſont pas ſi ſouvent troublés par
des réflexions qui ſont indépendantes de la
vue même. Les choſes ne ſe préſentent pas
d'elles-mêmes au palais comme elles ſont à la
vue. On les y applique généralement, ou comme nourriture , ou comme médecine ; & en

conséquence de leur qualité, ou nutritive, ou médicinale, il arrive souvent que peu à peu, & au moyen de ces associations, elles parviennent à accoutumer le palais à leur *Gout.* L'opium est agréable aux Turcs à cause de l'espèce de délire qu'il leur cause. Le tabac fait les délices des Hollandois, parce qu'il répand dans leur corps un engourdissement qui leur plait. Les liqueurs fortes, font plaisir au bas peuple en Angleterre, elles l'empêchent de penser aux maux présens & à venir, elles bannissent la mélancolie qui lui est si naturelle. Toutes ces choses seroient entièrement négligées, l'on ne s'étoit pas avisé de pousser leurs propriétés au-delà du *Gout*; mais toutes, ainsi que le thé, le caffé, & quelques autres, ont passé des boutiques des Apoticaires sur nos tables. Il y avoit long-tems qu'on les employoit pour la santé, quand on s'avisa de les faire servir au plaisir. L'effet de telle ou telle de ces drogues a fait que nous nous en fommes fervis fouvent, & un ufage fréquent joint à un effet agréable, en a rendu le gout même à la fin fort agréable. Mais tout cela ne fait rien du tout contre notre raifonnement ; nous diftinguons toujours le *Gout* naturel du *Gout* acquis. En parlant d'un fruit inconnu, on ne diroit pas qu'il a un *Gout* doux & agréable comme le tabac, l'opium, ou l'ail, quoique l'on parlât à des perfonnes qui feroient ufage de ces drogues, & qui y trouveroient beaucoup de plaifir. Tous les hommes fe fouviennent affez des premières caufes naturelles du plaifir, pour pouvoir y rapporter tout ce qui s'offre à leurs fens, & les prendre pour leur fervir de règles dans leurs fenfations & dans leurs opinions. Suppofons quelqu'un qui fe foit gâté le palais au point de prendre plus de plaifir à gouter de l'opium qu'à gouter du beurre, ou du miel, & à qui l'on préfente un bole d'oignon marin, il eft très certain qu'il préfèrera

le beurre & le miel à cette drogue dégou-
tante, ou à toute autre drogue amère à laquelle il n'aura pas été accoutumé. Cela prouve que son palais a été naturellement comme celui de tous les autres hommes en toutes
choses, qu'il est encore de même dans bien
des choses, & qu'il n'est gâté que dans quelques points particuliers. En effet, en jugeant
d'une chose nouvelle, & même d'un gout
semblable à celui que l'habitude l'a accoutumé à aimer, il trouve que son palais est
affecté d'une manière naturelle, & d'après
les principes ordinaires. Ainsi le plaisir des
cinq sens, celui de la vue, comme celui du
Gout qui est le plus ambigu de tous, est le
même dans tous les hommes, savans, ou
ignorans, distingués, ou ordinaires.

Outres les idées accompagnées de leurs
douleurs & de leurs plaisirs, qu'offrent les
sens, l'esprit de l'homme possède une espèce
de puissance créatrice qui lui appartient, soit

qu'elle repréfente à plaifir les images des chofes de la manière dont elles ont été reçues
par les fens , ou qu'elle combine ces images
d'une façon nouvelle , & fuivant un ordre
différent. Cette puiffance eft appellée *Imagi-*
nation. On y rapporte tout ce qu'on nomme
efprit , imagination , invention , & femblables. Mais il faut obferver qu'il n'eft pas poffible que cette puiffance de l'imagination pro-
duife rien d'abfolument nouveau ; elle ne
peut que varier la difpofition de ces idées
qu'elle a reçues des fens. L'imagination eft
le champ le plus étendu pour le plaifir &
la douleur ; c'eft là que fe trouvent nos craintes & nos efpérances , ainfi que toutes nos
paffions , je veux dire celles qui y font join-
tes. Tout ce qui eft employé à affecter l'imagination par le moyen de ces idées dominantes , & par la force de quelque impreffion
naturelle & primitive , doit avoir également
le même pouvoir fur tous les hommes. En

effet, puisque l'imagination n'est que le repré-
sentant des sens, elle ne peut être contente,
ou mécontente des images, que selon le principe suivant lequel les sens se trouvent satis-
faits, ou mécontens des réalités. Il doit donc
y avoir dans l'imagination un accord aussi
exact, aussi parfait que dans les sens des hommes. La plus légère attention nous convain-
cra qu'il faut absolument que cela soit.

Dans l'imagination, outre la douleur, ou
le plaisir qui vient des propriétés de l'objet
naturel, on apperçoit un certain plaisir que
cause la ressemblance qu'a l'imitation avec
l'original. Je conçois aussi que l'imagination
ne peut avoir que le plaisir qui résulte de
l'une, ou l'autre de ces causes ; & elles agissent avec assez d'uniformité sur tous les hommes, car elles agissent par des principes naturels, qui ne sont tirés ni d'aucunes habitudes, ni d'aucuns avantages particuliers.
M. Locke, en parlant de l'esprit, observe

avec autant de justesse que d'élégance , que
son principal emploi est de tracer des res-
semblances ; il remarque en même tems que
celui du jugement est de trouver des différences. D'après cette supposition , l'on
imaginera peut-être qu'il n'y a point de diftinction essentielle entre le bel esprit & le
jugement , d'autant plus qu'ils paroissent
résulter des différentes opérations de la même
faculté qu'ils ont de comparer. Cependant
dans la réalité , soit qu'ils dépendent du même pouvoir de l'esprit, ou non , ils diffèrent
si essentiellement à beaucoup d'égards, qu'une
union parfaite de bel esprit & de jugement,
est une des choses les plus rares qu'il y ait au
monde. Que deux objets distincts ne se ressemblent pas , il n'y a rien d'étonnant , nous
nous y attendons , les choses sont dans l'état
ordinaire , elles ne font aucune impression sur
l'imagination ; mais que deux objets distincts
se ressemblent , cela nous frappe , nous les

examinons, & nous fommes contens. L'efprit
de l'homme eft naturellement plus prompt,
il a plus de plaifir à tracer des reffemblances
qu'à chercher des différences. En effet, en
traçant des reffemblances , nous produifons
de nouvelles images , nous uniffons , nous
créons, nous multiplions nos connoiffances ;
mais en faifant des diftinctions , nous n'of-
frons point de nourriture à l'imagination ;
la tâche même eft plus rude & plus défagréable , & le plaifir que nous en tirons eft
d'une nature indirecte & négative. Le matin
on me dit une nouvelle ; purement comme
nouvelle , comme un fait ajouté à mon
fonds, elle me caufe du plaifir. Le foir j'ap-
prends qu'elle eft fauffe. Qu'ai-je gagné par-
là ? Le défagrément de voir qu'on m'a trompé. Voilà pourquoi les hommes font portés plus naturellement à la croyance qu'à
l'incrédulité. C'eft auffi d'après ce principe
que les Nations les plus ignorantes , & les

plus barbares qui ont été lentes à diftinguer, &
à affortir leurs idées, ont fouvent excellé
dans les comparaifons, dans les fimilitudes,
dans les métaphores, & dans les allégories.
C'eft pour une raifon de cette efpèce qu'Homère & les Ecrivains Orientaux, quoiqu'ils
aimaffent beaucoup les fimilitudes, & qu'ils
en fiffent fouvent de vraiment admirables,
avoient rarement foin de les faire exactes ;
c'eft à-dire, qu'ils n'étoient occupés que de la
reffemblance générale ; ils l'ont peinte avec
force, fans faire aucune attention à la différence qui pouvoit fe trouver entre les chofes
qu'ils comparoient.

Comme le plaifir de la reffemblance eft ce
qui flatte le plus l'imagination, tous les hommes font à peu près de niveau à cet égard,
fuivant l'étendue de la connoiffance qu'ils ont
des chofes repréfentées, ou comparées. Le
principe de cette connoiffance dépend de l'expérience & des obfervations, & non de la
force,

force, ou de la foibleſſe d'une faculté naturelle, c'eſt pour cela qu'il eſt fort ſujet à des
variations. C'eſt auſſi de cette différence dans
les connoiſſances que vient ce que nous appellons ordinairement, quoiqu'avec peu d'exactitude, différence de *Gout*. Un homme pour
qui la Sculpture ſeroit une choſe nouvelle,
n'a qu'à voir, par exemple, une de ces têtes
de bois dont ſe ſervent les Perruquiers, ou
un autre morceau de ſculpture, quel qu'il
ſoit, il en ſera frappé ſur le champ, il ſen-
tira du plaiſir, parce qu'il appercevra quelque choſe de ſemblable à une figure humaine ; cette reſſemblance l'occupera tout entier, il ne fera point du tout attention aux
défauts qui pourront s'y trouver. Je ne crois
pas qu'il exiſte un homme qui y ait penſé la
première fois qu'il a vu un morceau d'imitation. Suppoſons que quelque tems après ce
novice rencontre un ouvrage de la même nature, mais mieux fini ; dans le moment il

Tome I.   C

regardera avec dédain ce qu'il n'avoit d'abord
admiré qu'à caufe de cette reſſemblance ap-
prochante, quoiqu'imparfaite, qu'il avoit
avec la figure humaine. Tout ce qu'il a admiré en différens tems dans ces différentes
figures, eſt exactement la même choſe ; quoiqu'il ait perfectionné ſes connoiſſances, ſon
gout n'eſt point changé. Juſqu'ici il s'eſt
trompé faute de connoitre l'art, ſa mépriſe
n'eſt venue que de ſon manque d'expérience.
Il peut encore ſe tromper faute de connoitre
la nature. Il eſt poſſible que l'homme en
queſtion s'arrête ici, & que le chef d'œuvre
d'un grand maitre ne lui faſſe pas plus de
plaiſir que l'ouvrage médiocre d'un Artiſte
ordinaire ; ce ne ſera même pas faute d'un
meilleur *Gout*, d'un *Gout* plus rafiné, mais
ce ſera parce que tous les hommes n'exami-
nent pas avec aſſez d'exactitude la figure humaine, pour ſe mettre en état de bien juger
de ce qui en eſt une imitation vraie & exacte.

On trouve beaucoup d'exemples qui peuvent
faire voir que le *Gout* critique ne dépend
pas d'un principe fupérieur dans les hommes , mais d'une connoiffance fupérieure.
Prenons l'hiftoire fi bien connue de l'ancien
Peintre & du Cordonnier. Celui-ci fit recti-
fier au premier des fautes qu'il avoit faites
dans le foulier d'une de fes figures , & qu'il
n'avoit pas remarquées , parce qu'il n'avoit
jamais examiné des fouliers avec affez d'exactitude , & qu'il s'étoit contenté de la reffemblance générale. Cela ne détruifoit pas le
Gout du Peintre , cela ne faifoit que montrer qu'il lui manquoit des connoiffances dans
l'art de faire des fouliers. Imaginons-nous
voir un Anatomifte dans l'attelier d'un Peintre ; le tableau fera bien fait , les figures feront dans une bonne attitude , les parties fe
trouveront bien placées fuivant leurs différens mouvemens ; cependant l'Anatomifte ,
critique dans fon art , trouvera quelque muf-

cle qui ne s'enflera pas exactement comme
l'exige l'action de la figure ; il y remarquera
ce qui aura échappé aux observations du Peintre , & il ne verra pas ce qui aura blessé l'œil
du Cordonnier. Quoi qu'il en soit , le défaut de connoissance critique en fait d'Ana-
tomie ne fait pas plus de tort au bon *Gout*
du Peintre , ou de quiconque examineroit ce
morceau, que le défaut de connoissance exacte
sur la façon d'un soulier.   On montra une
belle tête de Saint Jean - Baptiste décollée
à un Empereur Turc ; il y loua beaucoup de
choses , mais il remarqua un défaut ; la peau
n'étoit pas retirée sur les bords du cou. Dans
cette occasion , quoique la remarque du Sul-
tan fût très juste , il ne fit pas voir plus de
Gout naturel que le Peintre qui avoit exécuté
ce tableau , ou que mille connoisseurs Euro-
péens , qui probablement n'auroient jamais
f. it la même observation. Cet Empereur étoit
accoutumé à ce terrible spectacle , que les au-

tres ne pouvoient que se représenter dans
l'imagination. Tous ceux dont je viens de parler, diffèrent entr'eux au sujet de ce qu'ils ont
désaprouvé. Cette différence vient des différens dégrés, & des différentes espèces de
leurs connoissances. Mais il est quelque chose
que le Peintre a en commun avec le Cordonnier, l'Anatomiste, & l'Empereur, c'est le
plaisir que leur fait un objet naturel, en tant
que chacun d'eux remarque qu'il est bien imi-
té. Ils ont aussi la satisfaction de voir une
figure agréable; c'est pour eux tous la même
sympatie qu'excite un incident frapant & touchant. Le *Gout*, en tant qu'il est naturel,
leur est à peu près commun à tous.

Dans la poésie, & dans d'autres pièces
d'imagination, l'on peut remarquer la même
ressemblance. Il est vrai que tel homme sera
charmé, enchanté de Don Bellianis (1), qui

_____

(1) Roman Espagnol. *Voy.* D. Quichote.

C iij

lira tranquillement, froidement même Virgile, tandis que tel autre sera transporté en lisant l'Enéïde, & abandonnera Don Bellianis aux enfans. Ces deux hommes paroissent avoir un *Gout* qui les fait différer considérablement l'un de l'autre ; mais en effet la différence n'est pas grande. Dans ces ouvrages qui inspirent des sentimens si contraires, il s'agit d'un récit qui excite l'admiration ; ils sont tous deux remplis d'action, de chaleur ; on y voit des voyages, des batailles, des triomphes, des changemens de fortune continuels. L'admirateur de Don Bellianis n'entend peut-être pas le langage rafiné de l'Enéïde. Il y a apparence que si ce Poëme étoit écrit dans un stile aussi trivial que l'est le Voyage du Pélerin (1), il pourroit en sentir toute l'énergie, d'après le principe qui lui a fait admirer Don Bellianis.

(1) Ouvrage Anglois allégorique sur la vie humaine.

Son auteur favori a beau manquer à chaque
inftant de probabilité, confondre les tems,
bleffer les bonnes mœurs, eftropier la géographie, car il ne fait ni géographie, ni chronolo-
gie, il n'a même jamais connu les principes de
la probabilité, rien de tout cela ne le choque,
ni ne le rebute. Il lira la defcription d'un
naufrage fur la côte de Bohème; alors entièrement occupé d'un événement fi intéref-
fant, ne s'embarraffant que du fort de fon
héros, cette bévue, toute extravagante qu'elle eft, ne l'arrêtera pas. Car pourquoi feroit-
il choqué d'un naufrage arrivé fur la côte de
Bohème, lui qui ignore fi la Bohème n'eft
pas une Ifle de l'Océan Atlantique? Et après
tout qu'eft-ce que cela fait au bon *Gout* naturel de la perfonne dont il vient d'être
queftion?

Il faut donc conclure qu'en tant que le
Gout regarde l'imagination, fon principe eft
le même dans tous les hommes. Il n'y a pas

C iv

plus de différence dans la manière dont ils
font affectés, que dans les caufes de la fenfation qu'ils éprouvent. Dans le dégré il eft
une différence qui vient de deux caufes principales, ou d'un plus grand dégré de fenfibilité
naturelle, ou d'une attention plus grande &
plus longue donnée à l'objet. Pour le prouver par la manière de procéder des fens,
dans laquelle on trouve la même différence,
fuppofons une table de marbre unie placée
devant deux hommes ; ils apperçoivent tous
deux qu'elle eft unie, & cette qualité fait
qu'elle leur plait. Jufques-là ils s'accordent
parfaitement. Suppofons-en encore une autre,
& après cette autre une troifième, cette dernière plus polie que la féconde, & la feconde plus unie que la première ; il eft alors
fort probable que ces hommes qui ont été
fi bien d'accord fur le poli, & fur le plaifir
qui en réfulte, différeront l'un de l'autre,
quand il s'agira de décider quelle eft la table

qui l'emporte pour le poli. La grande différence des *Gouts* ne se remarque bien, que
quand les hommes viennent à comparer
l'excès, ou la diminution des choses dont on
juge par des dégrés, & non par des mesures.
Il n'est pas non plus aisé, quand il se trouve
une pareille différence, de décider la chose,
sur-tout si l'excès, ou la diminution, n'est pas
frapante. Si nous sommes d'avis différens au
sujet de deux quantités, nous pouvons avoir
recours à une mesure commune, qui peut
décider la question avec la plus grande exactitude, & je pense que c'est là ce qui donne
aux connoissances mathématiques plus de certitude qu'à aucune autre. Mais dans les choses dont l'excès ne se juge pas par le plus, ou
le moins d'étendue comme le poli & le raboteux, le dur & le doux ou le mou, l'obscurité & la lumière, les ombres des couleurs,
toutes ces propriétés se distinguent aisément
quand la différence est considérable d'une

façon ou d'une autre, mais non pas quand elle eft légère, faute de mefures communes que l'on ne découvrira peut-être jamais. Dans ces circonftances délicates fuppofons le fens également vif & pénétrant, le plus d'attention & d'habitude en fait de ces chofes là aura l'avantage. Dans ce qui regarde les tables, le poliffeur de marbre fera celui qui jugera fans doute avec le plus d'exactitude. Quoiqu'il n'y ait point de mefure commune pour décider bien des difputes qui ont rapport aux fens & à l'imagination leur repréfentant, nous trouvons que les principes font les mêmes dans tous les hommes, & que nous ne différons que quand nous venons à examiner la prééminence, ou la différence des chofes qui nous font rentrer fous la jurifdiction du jugement.

Tant que nous examinons les qualités fenfibles des chofes, il n'y a à peu près que l'imagination qui y paroiffe intéreffée ; il n'y

a guères rien de plus quand on repréfente
les paffions , parce que par la force de la
fimpatie naturelle , elles fe fentent dans tous
les hommes , fans qu'on foit obligé d'avoir
recours au raifonnement , & que tout le
monde reconnoit leur vérité , & leur juftefe.
Amour , douleur , crainte , colère , joie , il
n'y a point d'efprit que toutes ces paffions
n'aient affeté tour à tour , & ce n'a pas été
d'une manière arbitraire , ou par hazard ,
mais d'après des principes certains , naturels
& uniformes. Comme bien des ouvrages
de l'imagination ne fe bornent ni à la
repréfentation des objets fenfibles , ni aux
efforts faits fur les paffions , mais qu'ils
s'étendent jufques fur les mœurs, les caractères , les actions , & les deffeins des hommes , fur leurs rapports , fur leurs vertus ,
& fur leurs vices , ils font fous la jurifdiction du jugement qui fe perfectionne par l'attention & par l'habitude du raifonnement.

Toutes ces chofes font une partie confidérable
de ce que nous regardons comme les objets
du *Gout*. Horace nous renvoie aux écoles de
la philofophie & du monde , pour nous en
inftruire. Quel que foit le dégré de certitude
que nous pouvons acquérir quant à la morale & à la fcience du monde , nous avons
exactement le même dégré de certitude à
l'égard de ce qui a rapport à ces deux connoiffances dans les ouvrages d'imitation. C'eft
à la vérité pour l'ordinaire dans la parfaite
connoiffance des mœurs , dans l'obfervation
du tems , du lieu , & de la décence en général , ce qui ne peut s'acquérir que dans les
écoles que nous recommande Horace , que
confifte ce que l'on appelle *Gout* par manière
de diftinction , & qui n'eft réellement qu'un
jugement plus rafiné. Pour moi , il me paroit
que ce qu'on nomme *Gout* fuivant l'acception
la plus générale , n'eft pas une idée fimple ,
mais qu'il eft compofé en partie de la per-

ception des plaisirs primitifs des sens, des
plaisirs secondaires de l'imagination, & des
conséquences que le raisonnement tire touchant les différens rapports de ces plaisirs,
& les passions des hommes, leurs mœurs
& leurs actions. Il faut tout cela pour former le *Gout*; & le fonds des différentes parties de ce tout se trouve le même dans l'esprit de tous les hommes; car comme les sens
sont les grandes sources de toutes nos idées,
& conséquemment de tous nos plaisirs, s'ils ne
sont pas incertains & arbitraires, tout le fonds
du *Gout* en entier nous est commun à tous;
cela prouve assez que nous sommes fondés
à raisonner conséquemment sur ces matières.

Tandis que nous ne considérerons purement le *Gout* que suivant sa nature & son
espèce, nous trouverons ses principes entièrement uniformes; mais le dégré qui fait
que ces principes prévalent dans les différens
individus du genre humain, est tout aussi

différent que les principes mêmes font femblables. Car la fenfibilité & le jugement,
qui font les qualités qui compofent ce que
nous appellons ordinairement *Gout*, varient
confidérablement dans différentes perfonnes.
Si l'on n'a pas la première de ces qualités, il
s'enfuit qu'on n'a point de *Gout*. Si la feconde eft foible, elle ne produit qu'un mauvais *Gout*, un *Gout* mal entendu. Il eft des
hommes qui ont fi peu de fenfibilité, qui
font d'un caractère fi froid, fi phlegmatique,
qu'on peut à peine dire qu'ils ont les yeux
ouverts pendant tout le cours de leurs vies.
Les objets les plus frappans ne font que peu
d'impreffion fur eux; & elle paroit à peine.
Il en eft d'autres, ou qui font continuellement
agités par les plaifirs groffiers & purement
fenfuels, ou qui fe livrent entièrement à la
plus baffe & à la plus vile avarice, ou qui bru-
lent du defir de parvenir aux honneurs, aux
emplois diftingués; leurs efprits accoutumés

aux orages de ces paſſions violentes , font à
peine attention au badinage délicat & rafiné
de l'imagination. Ces hommes deviennent
auſſi ſtupides , & auſſi inſenſibles que les premiers , mais la cauſe en eſt différente. Cependant toutes les fois qu'il arrive que les uns
ou les autres ſe trouvent frappés par l'élégance , ou la grandeur naturelle , ou par ces qualités dans quelques ouvrages de l'art , ils ſont
touchés d'après le même principe.

La cauſe d'un mauvais *Gout* ne doit s'attribuer qu'à un défaut de jugement , qui peut
venir d'une foibleſſe naturelle dans l'entendement , en quelque choſe que puiſſe conſiſter
la force de cette faculté. Il peut auſſi , comme
c'eſt plus ordinairement le cas , venir d'un
manque d'exercice convenable , & bien dirigé,
qui ſeul lui donne de la force & de la vivacité.
Outre cela , l'ignorance , l'inattention , la prévention , la témérité , la légèreté , l'obſtination , enfin toutes ces paſſions , & tous ces

vices qui corrompent le jugement dans d'autres cas, n'y préjudicient pas moins dans cet
état & plus rafiné & plus élégant. De ces
caufes naiffent différentes opinions fur tout
ce qui eft l'objet de l'entendement, fans que
cela nous faffe fuppofer qu'il n'eft point de principes de raifon fixes & déterminés. On peut
pourtant remarquer qu'il y a plutôt moins de
différence dans les chofes de *Gout* parmi les
hommes, que dans celles qui dépendent de
la fimple raifon. De plus les hommes s'accordent mieux fur l'excellence d'une defcription de Virgile, que fur une vérité, ou fur
une fauffeté qui fe trouve dans le fiftème
d'Ariftote.

La jufteffe dans le jugement en fait d'arts,
& que l'on peut appeller bon *Gout*, dépend
en grande partie de la fenfibilité ; parce que,
fi l'efprit n'eft point porté aux plaifirs de
l'imagination, il ne s'appliquera jamais affez
aux ouvrages de cette efpèce pour en acquérir
une

une connoiſſance convenable. Mais quoiqu'il
faille un certain dégré de ſenſibilité pour former un bon jugement, il ne s'enſuit pas que
d'une vive ſenſation de plaiſir il doive réſul-
ter un bon jugement. Il arrive ſouvent qu'un
très pauvre juge, purement par ſon plus de
ſenſibilité de tempérament, eſt plus affecté
par un fort mauvais ouvrage, que le meilleur
juge ne l'eſt par le plus parfait. Car comme
tout ce qui eſt nouveau, extraordinaire,
grand, ou paſſionné, eſt fait pour affecter un
pareil juge, & comme les défauts ne l'affectent pas, ſon plaiſir en eſt plus pur, il eſt
moins mélangé. De plus, comme c'eſt ſim-
plement un plaiſir de l'imagination, il eſt
plus grand qu'aucun de ceux qui viennent de
la juſteſſe du jugement. Le jugement pour la
plupart du tems eſt employé à ſemer la rou-
te de l'imagination, d'obſtacles & de difficultés, à faire diſparoître de devant elle toute eſpèce d'enchantement, & à nous faire

courber sous le joug désagréable de la raison.
En effet, le seul plaisir que certains hommes
aient à juger mieux que d'autres, consiste
dans une espèce d'orgueil, dans une idée de
supériorité que l'on a toujours, quand on croit
penser juste ; mais alors c'est un plaisir indi-
rect, c'est un plaisir qui ne vient pas immédiatement de l'objet qu'on contemple. Dans
notre printems, dans cette saison où les sens
ne sont pas encore emoussés, où toutes les
fonctions du corps & de l'esprit se font li-
brement, où tous les objets qui nous environnent ont l'agrément de la nouveauté pour
nous, que nos sensations sont vives alors !
Mais aussi que les jugemens que nous portons
sont faux & peu exacts ! Je désespère d'avoir
jamais, en voyant les productions les plus
parfaites du génie, le plaisir que j'avois à cet
âge, lorsque je voyois des choses que mon
jugement me fait regarder aujourd'hui comme de pures bagatelles. Toute cause ordi-

naire de plaisir affecte volontiers l'homme qui est d'un tempérament sanguin. Il desire trop vivement pour être délicat dans son *Gout ;* & il est à tous égards ce qu'Ovide dit de lui-même.

Molle meum levibus cor est volabile telis ;
Et semper causa est , cur ego semper amem.
Ovid. Ep. Hero à Sapho.

» Les traits même les plus légers touchent » & percent mon cœur ; & c'est là la raison , » qui fait que j'aime toujours.

Il n'est pas possible que quelqu'un de ce caractère soit jamais un Juge délicat ; jamais il ne peut être ce que le Poëte comique ap- pelle, *Elegans formarum spectator ,* Térence. Eun. Act. 3. » Un Juge délicat de la beauté » des objets ». On jugera toujours imparfai- tement de l'excellence & de la force d'un ouvrage, si l'on ne consulte que l'effet qu'il aura fait sur l'esprit de telle & telle person- nes , à moins qu'on ne connoisse leur carac-

D ij

tère & la nature de leur efprit. On a vu, &
peut être voit-on encore aujourd'hui la poëfie
& la mufique produire les plus grands effets
dans des païs, où elles ne font pour ainfi dire
qu'au berceau, & par conféquent fort impar-
faites. L'auditeur groffier eft affecté par les
principes qui agiffent dans ces arts malgré
leurs imperfections ; mais il n'eft pas affez
habile pour en appercevoir les défauts. A
mefure que les arts fe perfectionnent, la
critique les fuit du même pas, & le plaifir du
juge fe trouve fouvent interrompu par les
défauts qu'il découvre dans les ouvrages les
plus parfaits.

Avant que de finir ce fujet, je ne faurois
m'empêcher de dire un mot de l'opinion
qu'ont bien des perfonnes. Elles prétendent
que le *Goût* eft une faculté féparée de l'efprit, & diftinguée du jugement & de l'imagination ; elles difent que c'eft une efpèce
d'inftinct qui nous frappe naturellement, &

au premier coup d'œil , fans que nous ayions
d'abord raifonné fur les beautés , ou fur les
imperfections d'un ouvrage. Tant qu'il s'agit
de l'imagination & des paffions , je crois
qu'il eft vrai que l'on confulte peu la raifon ;
mais quand il eft queftion d'ordre , de déco-
rum , de convenance , enfin par tout où le
meilleur *Gout* diffère du plus mauvais , je
fuis convaincu que c'eft l'entendement , &
rien autre chofe , qui agit ; il eft réellement
bien éloigné d'agir toujours promptement ,
ou quand cela eft , il s'en faut qu'il le faffe
avec jufteffe. Il arrive fouvent que les hommes qui ont le meilleur *Gout* , après avoir ré-
fléchi , parviennent à renoncer à ces jugemens
prématurés & précipités que l'efprit par l'aver-
fion qu'il a pour l'indifférence & le doute ,
aime à former fur le champ. On fait que le
Gout , quel qu'il foit , fe perfectionne exactement comme nous perfectionnons notre jugement , en étendant nos connoiffances , en don-

nant la plus grande attention à notre objet,
& en nous exerçant souvent. Pour ceux qui
n'ont pas suivi cette méthode, si leur *Gout*
se décide promptement, ce n'est jamais avec
certitude, avec assurance ; & cette promptitude n'est due qu'à leur présomption & à leur
témérité, & non pas à ce rayon de lumière,
qui en un moment peut chasser les ténèbres
de leur esprit. Mais ceux qui se sont livrés
à cette espèce de connoissance qui fait l'objet
du *Gout*, parviennent par dégrés & par habitude à acquérir non-seulement de la justesse, mais de la vivacité dans le jugement.
C'est ce que font tous les hommes en suivant
les mêmes méthodes dans toutes les autres occasions. D'abord on est obligé d'épeler, ensuite
on parvient à lire, on finit par lire couram-
ment ; mais cette célérité dans l'opération du
Gout, ne prouve point que le *Gout* soit une
faculté distincte. Je ne crois pas que personne ait suivi une discussion touchant des choses

du reffort de la fimple raifon, fans avoir ob-
fervé l'extrême promptitude avec laquelle la
difpute s'eft engagée, les principes fe font
établis, les objections fe font faites, & ont
été détruites, & les conféquences ont été tirées des prémifles. On ne peut pas fuppofer
que le *Gout* agiffe avec plus de viteffe ; cependant il n'y a que la fimple raifon que l'on
foupçonne qui agiffe, ou qui puiffe en être
foupçonnée. Il eft inutile de multiplier les
principes pour chaque apparence différente ;
cela feroit auffi trop peu philofophique.

On pourroit pouffer la matière beaucoup
plus loin, mais je crois que ce n'eft pas fur
l'étendue du fujet que nous devons nous ré-
gler pour nous prefcrire des bornes. En effet,
quel eft le fujet qui ne va pas jufquà l'infini ?
C'eft donc fimplement la nature de notre
fiftème particulier, ainfi que le feul point de
vue fous lequel nous l'envifageons, qui fixera
l'étendue de nos recherches. On trouvera

D iv

peut être cette Dissertation un peu trop longue. Il ne m'a pourtant pas été possible de la
rendre plus courte. Je crois n'avoir dit que
ce qu'exigeoit un sujet aussi abstrait, & aussi
difficile à traiter. De plus, il m'a semblé
que cela étoit nécessaire pour préparer l'esprit
aux Recherches suivantes. Je laisse à mes
Lecteurs à juger si j'ai bien vu.

RECHERCHES
PHILOSOPHIQUES

Sur l'origine des idées que nous avons
du Beau & du Sublime.

PREMIERE PARTIE.

SECTION PREMIERE.

De la Nouveauté.

L E premier mouvement de l'esprit
humain, le mouvement le plus fimple que l'on y découvre, eft la curiofité. J'entens par curiofité, le gout que

nous avons pour la *Nouveauté*, le plaisir que nous y prenons. Nous voyons les enfans courir continuellement d'un lieu à un autre, pour chercher de nouveaux objets d'amusement. Les ont-ils trouvés ? Avec quelle avidité ne les saisissent-ils pas ? C'est à la vérité sans choix, mais tout fixe également leur attention, parce que tout à cet âge a le charme de la *Nouveauté*, & c'est une puissante recommandation. Mais comme les choses qui ne nous fixent que parce qu'elles sont nouvelles, ne nous fixent pas long tems ; la curiosité est de toutes les affections la plus superficielle. Elle change sans cesse d'objet ; le gout qu'elle donne est vif, mais il est bien-tôt satisfait, & il l'est aisément. Elle donne aussi à ceux qui s'y livrent un certain air d'étourderie, d'impatience, d'inquiétude même. La curiosité par sa nature est fort active, elle parcourt rapidement la plupart des objets qui la frappent, & bien-tôt elle épuise la variété qui se trouve ordinairement dans la nature. Les mêmes chofes reviennent fouvent , & c'eft toujours avec moins de cet agrément qu'elles avoient d'abord. Enfin lorfque nous parvenons à favoir un peu ce que c'eft que la vie , il feroit impoffible que les différentes conjonctures , & les différens événemens , dont elle eft remplie , excitaffent d'autres fenfations dans l'efprit que celles du dégout & de l'ennui , fi l'on n'y joignoit pas , pour l'affecter , d'autres puiffances que leur *Nouveauté* , ou d'autres paffions que la curiofité qui nous eft naturelle. Nous examinerons ailleurs ces puiffances & ces paffions. Quelles que foient les premières , quel que foit le principe d'après lequel elles agiffent fur l'efprit , il feroit abfolument néceffaire qu'on ne les employât pas dans les chofes qu'un ufage journalier à rendues familières , indifférentes. Lorfqu'il eft queftion d'agir fur l'efprit , il faut que la nouveauté y entre pour quelque chofe ; & en général

toutes nos paſſions ſont plus ou moins mé-
langées de curioſité.

SECTION II.

De la Douleur & du Plaiſir.

POUR remuer les paſſions des perſonnes
fort avancées en âge, il me paroit qu'il eſt né-
ceſſaire que les objets deſtinés à cet effet, outre
leur nouveauté à quelques égards, puiſſent
avoir d'autres raiſons pour cauſer de la *douleur*
& du *plaiſir*. La *douleur* & le *plaiſir* ſont des
idées ſimples, que l'on ne peut définir. Il n'eſt
pas ordinaire que l'on ſe trompe ſur ſes ſen-
ſations, mais on leur donne très ſouvent de
fauſſes dénominations ; les raiſonnemens que
l'on fait en conſéquence ſont pareillement
faux. Bien des perſonnes penſent que la douleur vient abſolument de la privation du plai-

fir, & que le plaifir vient de la ceffation, ou
de la diminution de la douleur. Pour moi je
ferois porté à imaginer que *la douleur & le
plaifir*, en tant qu'ils affectent & fimplement
& naturellement, font l'un & l'autre d'une
nature pofitive, & qu'ils ne dépendent point
du tout l'un de l'autre quant à leur exiftence.
L'efprit humain eft fouvent, & à ce que je
penfe, pour la plupart du tems dans un état,
qui n'eft ni un état de douleur, ni un état de
plaifir, & que j'appelle un état d'indifférence.
Lorfque je paffe de cet état à un état de plaifir pofitif, il ne me paroit pas néceffaire de
paffer par un médium de douleur quelle qu'elle foit. Si dans cet état d'indifférence, ou
d'aifance, ou de tranquillité, ou tel que vous
voudrez l'appeller, vous entendiez, fans vous
y attendre une ouverture d'Opéra; s'il fe pré-
fentoit à vos yeux quelque objet d'une forme
agréable, des couleurs vives & brillantes; ou
plutôt, fi vous vous imaginiez fentir la

rofe la plus odoriférante, ou boire des vins
agréables même fans foif, ou gouter des mêts
exquis fans faim, dans toutes ces circonftances, foit que vous examinaffiez, ou l'effet des
fons fur vos oreilles, ou celui des odeurs fur
votre odorat, ou enfin celui du gout fur votre
palais, il eft très certain que vous trouveriez
que vous fentez un certain plaifir. Cependant
fi je vous demandois l'état où votre efprit fe
trouvoit auparavant, vous ne pouriez guères
me dire que vous étiez dans la douleur.
Lorfque vous auriez contenté vos fens, en
leur procurant ces différens plaifirs, vous
n'avanceriez pas que la douleur a pris la place
du plaifir qui feroit entièrement paffé. Sup-
pofé d'un autre côté qu'un homme dans le
même état d'indifférence reçoive un coup
violent, ou qu'il prenne un breuvage amer,
ou bien que fes oreilles fe trouvent bleffées,
difons comme écorchées par des fons durs
& défagréables, il ne s'agit pas alors de pri-

vation de plaifir , & cependant il exifte dans
tous les fens affectés une douleur très diftincte ,
on la fent. Vous direz peut être que la douleur dans ces cas vient de la privation du
plaifir dont cet homme jouiffoit auparavant ,
quoique ce plaifir fût fi peu confidérable qu'il
n'y avoit que fa privation qui pût le faire
remarquer. Pour moi , il me paroit que c'eft
là une fubtilité qui n'eft pas dans la nature.
Car fi je ne fens aucun plaifir pofitif avant la
douleur , je n'ai point de raifon de croire
qu'il exifte rien de femblable , puifque le
plaifir n'eft plaifir qu'autant qu'on le fent tel.
On peut dire la même chofe de la douleur ,
& on eft également bien fondé. Je ne me
perfuaderai jamais que *la douleur* & *le plaifir*
ne foient fimplement que des rapports , qui
ne peuvent exifter qu'autant qu'ils font oppofés l'un à l'autre. On peut voir clairement ,
je penfe, qu'il y a des douleurs & des plaifirs
pofitifs , qui ne dépendent point du tout les

uns des autres. Je sens même qu'il n'y a rien de plus certain que cela. Mon esprit distingue, on ne peut pas plus clairement les trois états dont j'ai parlé, *l'état d'indifférence*, *l'état de plaisir*, & *l'état de douleur*. Je les apperçois distinctement sans me former des idées de rapport entre tel ou tel de ces états, & aucune autre chose. Valere a la colique, il souffre ; qu'on le mette à la question, sa douleur sera sans doute bien plus considérable. Cette dernière douleur vient-elle de la privation du plaisir ? Ou plutôt la colique sera-t'elle une douleur, ou un plaisir, selon que nous voudrons la considérer ?

SECTION

SECTION III.

Différence entre la privation de la Douleur & le Plaisir positif.

POUSSONS la proposition plus loin. Risquons même de dire que la *douleur* & le *plaisir*, non-seulement ne dépendent pas absolument quant à leur existence, de leur diminution, ou de leur privation mutuelle, mais que réellement la diminution, ou la cessation du plaisir n'agit pas comme la douleur positive, & que la privation, ou la diminution de la douleur dans son effet ressemble fort peu au plaisir positif. (1) Je crois que

---

(1) M. Loke dans son Essai sur l'entendement Humain, L. 2. Ch. 20. Sect. 16. pense que la privation, ou la diminution d'une douleur est regardée, & agit comme un plaisir, & la privation ou la diminution

l'on conviendra plus aifément de la première
des ces deux propofitions que de la dernière,
& cela parce qu'il eft évident que le plaifir,
quand il a parcouru fa carrière, nous remet
à peu près où il nous a trouvés. Le plaifir
de toute efpèce fatisfait promptement. Eft-
il paffé ? Nous tombons dans l'indifférence,
ou plutôt dans une douce tranquillité, qui fe
fent encore du charme de la fenfation que nous
venons d'éprouver. J'avoue que d'abord on
ne s'apperçoit pas fi bien que la privation d'une
grande douleur ne reffemble pas à un plaifir pofitif: il ne faut pour le voir, que fe rappeller dans
quel état fe trouvoit l'efprit, au moment où
l'on a évité quelque danger éminent, où l'on
s'eft fenti foulagé, où l'on s'eft vu délivré des
douleurs les plus cruelles. Dans ces occafions
là notre efprit étoit, fi je ne me trompe,

d'un plaifir comme une douleur. C'eft cette opinion
que nous confidérons ici.

dans un état bien différent de celui où met le plaisir positif; il étoit dans un état pour ainsi dire d'indifférence, rempli d'un sentiment mêlé de respect & de crainte, plongé dans une espèce de tranquillité qui le laissoit encore un peu livré à l'horreur de l'état dont il venoit de sortir. L'air du visage, les gestes du corps dans ces circonstances, correspondent si bien avec l'état dans lequel se trouve l'esprit, que quiconque nous verra, quoiqu'il en ignore la raison, sera plus porté à croire que nous sommes dans la consternation, qu'à imaginer que nous jouissons de ce que j'appelle plaisir positif.

Ὡς δ'ὁταν ανδρ' ατη πυκινη λαβη, ος ενι πατρη
Φωτα καταντειας αλλον εξικετο δημον,
Ανδρος ες αφνειε θαμβος δ' εχει εισεροωντας.

Hom. Iliad. 24.

» Comme lorsqu'un homme qui a com-
» mis un meurtre dans sa patrie, & que la

» Juſtice pourſuit , ſe retire chez l'Etran-
» ger pour expier ſon crime , & entre tout
» à coup dans la maiſon d'un homme riche
» pour y trouver un azile , tous ceux qui le
» voient , ſont ſaiſis d'étonnement.

Cet air frappant d'un homme qu'Homère
ſuppoſe qui vient d'échapper à un danger éminent , l'eſpèce de mouvement mêlé de frayeur
& de ſurpriſe, qu'il excite dans les ſpectateurs,
peint avec bien de la force la manière dont
nous nous trouvons affectés dans des occaſions
qui ſont ſemblables de quelque façon que ce
ſoit. Car après avoir éprouvé quelque émotion violente , l'eſprit conſerve un peu de ſon
agitation , quoique la cauſe qui l'a produite ,
ait ceſſé d'agir. Lorſque la tempête eſt paſſée ,
la mer reſte encore agitée pendant quelque
tems. N'y a-t'il plus de danger ? L'horreur
dont on a d'abord été ſaiſi , ſe diſſipe inſen-
ſiblement , l'eſprit rentre dans ſon état ordinaire d'indifférence ; enfin le plaiſir , je veux

dire toute fenfation intérieure , ou toute apparence extérieure de plaifir pofitif , ne peut
jamais venir , à ce que j'imagine , de la privation de la douleur ou du danger.

SECTION IV.

Du Contentement & du Plaifir en tant
qu'ils font oppofés l'un à l'autre.

FAUT-IL conclure de ce que j'ai dit , que
la privation de la douleur , ou que fa diminution ne va jamais fans une certaine douleur ,
ou que la ceffation , ou la diminution du plaifir eft toujours accampagnée d'un certain plaifir ? Point du tout. Ce que j'avance fe réduit
à ce qui fuit. Premièrement , il y a des plaifirs
& des douleurs d'une nature pofitive & indé-
pendante. Secondement , la fenfation qui
vient de la ceffation , ou de la diminution de
la douleur , ne reffemble pas affez au plaifir

poſitif, pour qu'on la croie de la même nature, ou pour lui donner le privilège de paſſer ſous la même dénomination. Troiſième-
ment, d'après le même principe la privation,
ou la diminution du plaiſir n'a pas la moindre reſſemblance avec la douleur poſitive. Il
eſt certain que la première ſenſation, la ceſſation, ou la diminution de la douleur, a quelque choſe en ſoi qui n'eſt en aucune façon par
ſa nature, ni accablant, ni déſagréable. Cette
ſenſation ſi flatteuſe, ſi agréable dans bien
des circonſtances, mais en même tems dans
toutes ſi différentes du plaiſir poſitif, n'a
point de dénomination qui la caractériſe, du
moins je n'en connois aucune ; mais cela n'empêche pas que ce n'en ſoit une réelle, & fort
différente de toutes les autres. Il n'eſt pas
moins certain que toute eſpèce de ſatisfac-
tion, ou de plaiſir, quelque différence qu'il
y ait dans ſa manière d'affecter, eſt d'une nature poſitive dans l'idée de celui qui la ſent.

Cependant quoique la senfation soit indu-
bitablement pofitive, la caufe peut être,
comme elle l'eft certainement dans ce cas, une
efpèce de privation. De plus il eft fort raifon-
nable que nous diftinguions par quelques termes, deux chofes qui font diftinctes dans leur
nature, comme un plaifir qui eft fimplement
tel & fans aucun rapport, l'eft de ce plaifir
qui ne peut pas exifter fans un rapport, &
de plus un rapport à la douleur. Ne feroit-il
pas étonnant que ces fenfations que l'on dif-
tingue fi bien dans leurs caufes, & qui font
fi différentes dans leurs effets, fe trouvaffent
confondues l'une avec l'autre, parce que l'ufage ordinaire les a rangées dans la même claffe,
& leur a donné la même dénomination générale ? Toutes les fois que j'aurai occafion
de parler de cette efpèce de plaifir relatif,
je l'appellerai *Contentement*, (1) *Delight ;*

_____

(1) J'ai cru que le mot *Contentement* pourroit ré-

E iv

& pour éviter toute espèce de confusion ,
j'aurai grand soin de ne jamais me servir de ce mot pour exprimer une autre idée.
Je sais qu'on n'en fait par ordinairement usa-
ge dans le sens que je lui prête ; mais j'ai
cru qu'il valoit mieux prendre un mot déja
connu , & fixer sa signification , que d'en in-
troduire un de nouvelle fabrique , qui peut-
être n'iroit pas si bien au langage ordinaire :
je n'aurois jamais osé risquer cette innova-
tion , quelque peu considérable qu'elle soit ,
si la nature de ce langage plus analogue au
commerce de la vie qu'aux dissertations phi-
losophiques , ne m'y eût pas en quelque façon
forcé , ainsi que la nature de mon sujet qui
me fait sortir des bornes du discours familier.
Je prendrai bien garde d'abuser de la liberté
que je me suis permise. Ainsi quand je vou-

pondre au mot *Delight* , avec les mêmes restrictions
en François que l'Auteur a mises en Anglois.

drai rendre la senfation que produit la ceffation de la douleur, ou du danger, je la nom-
merai *Contentement*, *Delight* : comme quand
je parlerai du plaifir pofitif, pour l'ordinaire
je l'appellerai fimplement *Plaifir*.

SECTION V.
De la Joie & du Chagrin.

IL faut remarquer que la ceffation du plaifir affecte l'efprit de trois manières. S'il ne
fait fimplement que ceffer après avoir duré le
tems qui convenoit, l'effet eft *l'indifférence*.
S'il a été interrompu fubitement, il s'enfuit
une fenfation défagréable, que l'on appelle
mécontentement mêlé de furprife, *difapoint-*
ment. Si l'on a entièrement perdu l'objet de
vue, qu'il n'y ait plus d'apparence qu'on en
recouvre la jouiffance, il s'éléve dans l'efprit une paffion que l'on nomme *chagrin*. Je

ne crois point qu'aucune de ces trois fenfations, je n'excepte pas même le chagrin, qui
eft la plus forte, reffemble en aucune façon
à la douleur pofitive. Celui qui a du chagrin,
le laiffe s'accroitre, il s'y livre, il l'aime même. C'eft ce qui n'arrive jamais dans le cas
d'une douleur pofitive, que perfonne n'a jamais endurée de gaieté de cœur pendant un
certain tems. Ce n'eft pas une chofe fort difficile de comprendre comment on fupporte
volontiers le chagrin, quoiqu'il s'en faille
beaucoup que ce foit fimplement une fenfation agréable. Il eft de la nature du chagrin
d'avoir toujours fon objet fous les yeux, de
fe le repréfenter fous le jour le plus agréable,
de fe rappeller toutes les circonftances dans
lefquelles il a été vu, jufqu'aux plus légères,
de paffer en revue tous les plaifirs particuliers
dont la jouiffance eft paffée, en appuyant fur
chacun d'eux, & de trouver dans tous mille
nouvelles perfections, que d'abord on ne con-

noiſſoit pas ſi bien. Dans le chagrin, c'eſt le plaiſir qui domine ; l'affliction que nous ſouffrons ne reſſemble point du tout à la douleur poſitive, qui eſt toujours inſupportable, & dont on cherche à ſe défaire le plutôt qu'on peut. L'Odiſſée d'Homère qui renferme tant d'images naturelles & fortes, n'en a pas de plus frappantes que celle que Ménélas préſente de la malheureuſe deſtinée de ſes amis, & de la façon dont il la ſent. Il avoue en effet que ſouvent il diſſipe ſon eſprit, qu'il en éloigne ces réflexions déſagréables ; mais il remarque en même tems què, toutes triſtes qu'elles ſont, elles ne laiſſent pas de lui procurer du plaiſir.

Αλλ εμπης παντας οδυρομενος κ αχευων,
Πολλακις εν μεγαροισι καθημενος ημετεροισιν
Αλλοτε μεν τε γοω φρενα τερπομαι, αλλοτε δ' αυτε
Παυομαι αιψηρος δε κορος κρυεροιο γοοιο.
Hom. Odiſſ. 4.

» Tantôt enfermé dans mon palais, je

» trouve une satisfaction infinie à regretter
» mes amis & à les pleurer, tantôt je cher-
» che à me consoler, car on se lasse bien-
» tôt des soupirs & des larmes.

D'un autre côté, lorsque nous recouvrons
la santé, que nous échappons à un danger
éminent, que sentons-nous alors ? Est-ce de
la joie ? Non. Le sentiment que nous éprou-
vons dans ces circonstances, n'est pas cette
satisfaction douce & toute remplie de volupté que nous donne la perspective assurée
du *plaisir*. *Le contentement* qui vient de la diminution de la douleur, se reconnoit à d'autres signes. Il agit avec force sur l'esprit ; la
satisfaction qu'il donne est réelle, mais elle
est mélangée d'un reste de crainte, ou de terreur. Telle est la nature du *contentement*.

SECTION VI.

Des passions qui appartiennent à la conservation de soi-même.

LA plus grande partie des idées qui peuvent faire une forte impression sur l'esprit, soit simplement par la douleur, soit par le plaisir, ou bien par leurs différentes modifications, peut se réduire à peu près à ces deux objets, *la conservation de soi-même, & la société.* Toutes nos passions par leur nature doivent répondre au but de l'une, ou de l'autre. Celles qui regardent la conservation de soi-même, ont pour objet principal *la douleur & les dangers.* Les idées *de douleur, de maladie, & de mort,* agitent fortement l'esprit, elles le remplissent d'horreur. *La vie & la santé* nous mettent bien en état d'avoir des sensations de plaisir, mais la sim-

ple jouiſſance de ces deux avantages n'en produit aucune de cette nature. Les paſſions
donc qui regardent la conſervation de l'individu, ont pour objet principal *la douleur* &
les dangers, & de toutes les paſſions ce ſont
les plus puiſſantes.

SECTION VII.

Du Sublime.

TOUT ce qui eſt propre, de quelque façon que ce ſoit, à exciter des idées de douleur & de danger, je veux dire tout ce qui
eſt, de quelque manière que ce ſoit, terrible, épouvantable, ce qui ne roule que ſur
des objets terribles, ou ce qui agit de manière
à inſpirer de la terreur, eſt une ſource du
ſublime ; c'eſt-à-dire, qu'il en réſulte la plus
forte émotion que puiſſe éprouver l'eſprit.

Je dis la plus forte émotion, parce que je fais que les idées de douleur ont beaucoup plus de pouvoir que celles qui viennent du plaifir. Il eft très certain que les tourmens que l'on peut nous faire fouffrir ont un effet bien plus confidérable fur le corps & l'efprit, qu'aucun des plaifirs que pouroit fuggérer la volupté la plus rafinée, ou dont pouroient jouir l'imagination la plus vive, & le corps le plus fain, le mieux conftitué, & le plus fenfible. De plus je douterois fort qu'on trou-vât quelqu'un qui voulût acheter une vie tou-te remplie de fatisfaction & de plaifir pour en paffer les derniers inftans dans les tourmens les plus affreux. Il n'eft point d'homme qui voulût, pour fe procurer cet avantage, braver les roues, les tenailles, le plomb fondu, l'huile boüillante, &c. Comme la douleur agit avec plus de force que le plaifir, la mort eft en général une idée qui affecte plus que la douleur. Il n'y a point de douleur, quelque vive qu'elle foit , que l'on ne préfère à la mort. Ce qui rend la douleur même , fi je puis m'exprimer ainfi , plus douloureufe encore , c'eft qu'on la regarde comme l'émiffaire de la terreur des terreurs. Quand le danger & la douleur nous pourfuivent de trop près , il eft impoffible qu'ils produifent aucun *contentement* ; ils ne font que fimplement terribles. Mettez y des intervalles , des diftances, ajoutez y certaines modifications , vous pourez y trouver du *contentement* , vous y en trouverez ; l'expérience nous le prouve tous les jours. J'effaierai dans la fuite du préfent ouvrage de découvrir la caufe de cet effet.

SECTION

SECTION VIII.

Des paſſions qui regardent la Société.

ON peut diſtinguer deux ſortes de ſociétés, *la ſociété des ſexes*, dont l'objet eſt la propagation de l'eſpèce, & *la ſociété plus générale* des hommes avec les hommes, & les autres animaux, on peut même dire, avec le monde inanimé. Les paſſions qui n'ont pour objet que la conſervation de l'individu, roulent entièrement ſur la douleur & le danger; celles qui regardent la *propagation* tirent leur origine des *plaiſirs.* Le plaiſir, qui a la propagation pour but, eſt vif, il va juſqu'au raviſſement, juſqu'à l'extaſe, juſqu'à la fureur même ; & tous les êtres reconnoiſſent, ou prouvent que c'eſt le plus grand plaiſir qui puiſſe affecter les ſens. Cependant, quelque grand qu'il foit, lorfqu'on s'en trouve privé, foit par l'abfence, foit par l'éloignement, à peine en a-t'on une inquiétude marquée. Je ne crois pas même, fi l'on excepte certains tems, certains momens particuliers, que cette privation affecte en aucune manière. S'agit-il de décrire de quelle façon touchent la douleur & le danger ? l'on n'appuie pas fur le plaifir qu'on a de fe voir en fanté, & de fe trouver en fureté ; on ne fe plaint pas de la perte de ce double plaifir ; toutes les plaintes roulent fur les douleurs actuelles que l'on fouffre, fur les horreurs dont on eft environné. Un Amant malheureux eft abandonné de fa Maitreffe ; fe plaint-il ? vous remarquez qu'il infifte fort fur les plaifirs qu'il a goutés, ou qu'il a efpéré de gouter, & fur les perfections de l'objet de fon amour. C'eft l'idée de *la perte*, oui, c'eft toujours l'idée de *la perte* qui l'emporte dans fon efprit fur toute autre réflexion. Les effets violens que produit l'amour, & qui vont même quelquefois jusqu'à la folie, ne font point une objection contre la règle que nous cherchons à établir. Quand les hommes fe font abandonnés à leur imagination, qu'ils fe font entièrement livrés à une idée, ils en font fi remplis, qu'il n'y a plus de place pour aucune autre ; il ne leur eſt plus poſſible de la renfermer dans les bornes qui lui conviennent. Il n'en faut qu'une, quelle qu'elle foit, pour produire cet effet ; la variété infinie des cauſes de la folie en eſt une preuve évidente. Cela prouve tout au plus que l'amour eſt une paſſion qui peut produire des effets extraordinaires, & non pas que les émotions extraordinaires qu'il cauſe, aient aucune connexion avec la douleur poſitive.

SECTION IX.

De la cause finale de la différence qu'il y a entre les passions qui regardent la conservation de soi-même, & celles qui ont pour objet la société des Sexes.

LA cause finale de la différence qui se trouve entre les passions qui regardent la conservation de soi-même, & celles qui ont pour objet la multiplication de l'espèce, servira à rendre encore plus claires les remarques précédentes. De plus j'imagine qu'elle mérite qu'on l'examine pour elle-même. Comme nous ne pouvons remplir nos devoirs qu'autant que nous jouissons de la vie, & que nous ne les remplissons avec exactitude qu'en conséquence de notre santé, tout ce qui tend

à la deſtruction de l'une ou de l'autre, doit
nous affecter fortement : mais comme nous
n'avons pas été faits pour nous contenter de
la vie & de la ſanté, la ſimple jouiſſance de
l'une & de l'autre ne produit aucun plaiſir poſitif, de peur ſans doute que ſatisfaits de ce
plaiſir, nous ne nous livrions à l'indolence &
à l'inaction. D'un autre côté la propagation
du genre humain eſt un grand ouvrage, & il
faut que les hommes y ſoient portés par de
puiſſans motifs. Elle ne va donc jamais ſans
de grands plaiſirs. Mais ce ne doit pas être là
notre occupation continuelle : auſſi la privation de ce plaiſir ne doit-elle pas ſe trouver
accompagnée d'aucune douleur remarquable.
Il eſt aiſé de voir la différence qui ſe trouve à
cet égard entre les hommes & les brutes. Les
hommes ſont dans tous les tems également
diſpoſés aux plaiſirs de l'amour, parce qu'il
faut que la raiſon les guide, quant à la manière dont ils doivent les goûter, & au tems

qu'ils doivent choisir pour cet effet. Si de la privation de ce plaisir il devoit résulter quelque grande douleur, je crois que la raison trouveroit beaucoup de difficultés à remplir ce devoir; mais les brutes qui obéissent à des loix, dans l'exécution desquelles leur instinct raisonné n'entre que pour fort peu, ont leur tems, leurs saisons marqués. Il est probable qu'alors la sensation de la privation leur est fort incommode, parce qu'elles ont un but à suivre, & il faut qu'il se suive, ou qu'il soit perdu pour plusieurs, peut être même à jamais, puisque leurs desirs ne reviennent qu'avec le tems, la saison, qui leur sont prescrits.

SECTION X.

De la Beauté.

LA paſſion qui ne regarde que la propagation comme telle , eſt fondée ſur les deſirs
charnels. On le voit évidemment dans les
brutes dont les paſſions ſont moins mélan-
gées , & vont plus directement à leur but que
les nôtres. La ſeule diſtinction qu'elles obſer-
vent en ſe choiſiſſant une compagnie eſt celle
du ſèxe. Il eſt vrai qu'elles s'en tiennent à leur
propre eſpèce par préférence à toutes les autres ; mais auſſi , du moins , je l'imagine ,
cette préférence ne vient point d'aucune ſenſation de beauté qu'elles découvrent dans
leur eſpèce , comme le ſuppoſe Addiſon ,
mais d'une loi de quelqu'autre nature , à laquelle elles ſont ſoumiſes. C'eſt ce que nous
pouvons bien conclure du peu de choix qu'el-

les font en apparence dans les objets aufquels
les barrières de leur efpèce les ont bornées.
L'homme qui eft une créature faite pour plus
de variété, & pour une plus grande compli-
cation de rapports, joint à la paffion générale, l'idée de quelques qualités *fociales* qui
dirigent & augmentent l'appétit qu'il a en
commun avec tous les autres animaux. Comme il ne paroit pas deftiné, ainfi qu'eux, à
errer, à courir çà & là, il convient qu'il y
ait quelque chofe qui lui faffe donner la préférence à un objet qui le fixe dans fon choix :
il faut en général que ce foit quelque qualité
fenfible, puifqu'il n'en eft point d'autre qui
puiffe, ni fi promptement, ni fi puiffamment,
ni fi furement, produire fon effet. L'objet
de la paffion compliquée que nous appellons
amour, eft donc *la beauté* du fèxe. Les hommes font généralement portés vers le fèxe,
comme le fèxe, par les loix ordinaires de la
nature. La *beauté* perfonnelle les fixe pour des

objets particuliers. J'appellerai la beauté une
qualité sociale ; car lorsque les hommes &
les femmes, je dirai plus, lorsque les autres animaux nous font éprouver des senfa-
tions de joie & de plaisir au moment où nous
les voyons, & il y en a beaucoup dans ce cas
là, ils nous inspirent, ou de la tendreffe, ou
une certaine affection pour eux ; nous aimons
à les avoir auprès de nous, & nous établif-
fons volontiers une espèce de rapport avec
eux, si nous n'avons pas de fortes raisons
qui nous en empêchent. Je ne puis découvrir
à quelle fin dans plusieurs circonstances cette
liaison a été établie. Je ne vois pas pourquoi
elle le feroit plutôt entre l'homme & plusieurs animaux qui font si engageans par leurs
graces naturelles, qu'entre lui & quelques autres qui n'ont pas ce charme attractif, ou qui
ne le possèdent que dans un dégré bien infé-
rieur. Il est probable que la Providence n'a
pas fait cette distinction, quelque peu im-

portante qu'elle paroisse , sans avoir eu en
vue quelque grand but , qu'il ne nous est pas
possible de découvrir distinctement. Sa sagesse
est infinie , & la sphère de nos connoissances
fort étroite ; les ressorts qu'elle emploie sont
inconnus , & toutes les voies que nous prenons fort bornées.

SECTION XI.

De la Société & de la Solitude.

LA seconde branche des passions sociales
est celle qui regarde *la société* en général. Je
remarque bien que la jouissance de la *société*,
purement comme société , sans y ajouter
rien de particulier , ne nous procure aucun
plaisir positif ; mais il n'est pas possible non
plus de concevoir une douleur plus positive
que la *solitude* absolue , c'est-à-dire , l'exclu-

fion totale & perpétuelle de toute fociété.
C'eſt pourquoi, ſi l'on compare le plaiſir de
la *fociété* générale avec la douleur de la *folitude* abfolue, la *douleur* fera l'idée dominan-
te ; mais le plaiſir que donne la jouiſſance
d'une *fociété* particulière, l'emporte confidérablement fur l'inquiétude que cauſe la
privation de cette même jouiſſance ; de façon
que les plus fortes fenfations par rapport aux
habitudes de la *fociété* particulière, font des
fenfations de plaiſir. Si d'un côté la bonne compagnie, les converfations vives & enjouées,
les agrémens de l'amitié, donnent beaucoup
de plaiſir à l'efprit, il eſt fur que de l'autre
quelques momens de folitude ont leur avantage. Cet avantage ne pouroit-il pas prouver que
nous fommes des créatures faites pour la contemplation comme pour l'action, puifque la
folitude a fes plaiſirs ainſi que la *fociété* a les
fiens ? Nous pourions auſſi conclure de l'obfervation qui regarde le plaiſir de la fociété,

qu'une folitude perpétuelle femble être contraire à la nature de notre être, puifque la
mort nous préfente à peine une idée plus terrible.

SECTION XII.

De la Simpatie, de l'Imitation & de l'Ambition.

DANS la fociété telle que nous venons de
la repréfenter, les paffions font compliquées,
& fe montrent fous autant de formes qu'en
exige la variété des fins aufquelles elles doivent fervir. Nous regarderons ici la fociété
comme une grande chaine, où nous admet-
trons trois liaifons principales, qui feront *la*
fimpatie, l'imitation, & l'ambition.

SECTION XIII.

De la Simpatie.

LA *Simpatie* eſt une paſſion qui nous fait entrer dans les intérêts des autres ; c'eſt par elle
que nous ſommes touchés comme ils le ſont ;
enfin c'eſt elle qui fait que nous ne pouvons jamais reſter ſpectateurs indifférens de rien de
ce qu'ils font, ou ſouffrent. On doit regarder
la *ſimpatie* comme une eſpèce de ſubſtitu-
tion, qui nous met à la place de quelqu'un,
& qui fait que nous ſommes affectés à peu
près comme lui. Cette paſſion peut donc te-
nir de la nature de celles qui regardent la
conſervation de ſoi-même, & roulant ſur la
douleur, être une ſource du ſublime ; ou
bien, on peut, ſi elle roule ſur des idées de
plaiſir, y appliquer tout ce qui a été dit des
affections ſociales, ſoit qu'elles regardent la

société en général , ou seulement quelques modes particuliers de cette société. C'est surtout par ce principe que la Poésie, la Peinture , & les autres arts faits pour affecter , transportent leurs passions d'un cœur dans un autre, & peuvent souvent enter le *contentement* sur la méchanceté , sur la misère, sur la mort même. Voici une remarque que l'on fait ordinairement ; des objets qui choqueroient dans la réalité, sont dans des tragédies , ou dans d'autres circonstances semblables , la source d'un très grand plaisir. Ceci pris comme un fait , a donné lieu à beaucoup de raisonnemens. On a généralement attribué cette satisfaction, d'abord à la consolation que l'on trouve à penser que toutes ces scènes de tristesse ne sont que des fictions , & ensuite à la certitude que l'on a , qu'on n'est point exposé aux malheurs qu'on voit représenter. Je crains que ce ne soit une pratique trop ordinaire dans les recherches de cette nature , d'attribuer la cause des sensations qui ne viennent que de la structure mécanique de notre corps , & de la tournure de notre esprit , à certaines conséquences tirées des raisonnemens que nous faisons sur les objets qui nous sont présentés. J'ai lieu de croire que l'influence qu'a la raison , quand il s'agit de faire naitre en nous des passions , ne s'étend pas à beaucoup près si loin qu'on le croit ordinairement.

SECTION XIV.

Des effets de la Simpatie dans les malheurs d'autrui.

POUR examiner ce point qui regarde proprement l'effet de la Tragédie, il faut d'abord considérer comment nous affectent les sensations de nos semblables dans des malheurs réels. Je suis convaincu que nous trouvons un certain *contentement* qui n'eſt pas peu conſidérable , dans les malheurs réels des autres , dans leurs douleurs. Car , que la ſenſation ſoit ce qu'on voudra en apparence , ſi elle ne nous fait pas éviter de pareils objets , ſi au contraire elle nous porte à nous en approcher , ſi elle nous y fixe pour ainſi dire , dans ce cas , je conçois que nous devons avoir , ou du *contentement* , ou du *plaiſir* , d'une eſpèce ou d'une autre , à contempler des objets de cette nature. Ne liſons-nous pas des hiſtoires autentiques de ſcènes de cette ſorte avec autant de plaiſir , que des Romans , ou bien des Poëmes , où les incidens ne ſont que ſuppoſés ? Il n'y a point d'Empire dont la proſpérité , ni de Roi dont la grandeur puiſſe affecter auſſi agréablement par la lecture que la ruine de l'Etat de Macédoine , & le malheur de ſon infortuné Prince. Une pareille cataſtrophe nous touche

autant

autant dans l'Hiſtoire, que la deſtruction de Troie le fait dans la Fable. Le *contentement* que nous donnent des cas de cette eſpèce, eſt conſidérablement augmenté, ſi la perſonne ſouffrante qui ſe voit la victime de ſa mauvaiſe fortune, a toutes ſortes de bonnes qualités. Scipion & Caton ſont également recommandables par leurs vertus, mais nous nous affectons bien plus de la mort violente de l'un, & de la ruine entière du parti qu'il ſoutenoit, que des triomphes mérités, & de la proſpérité continuelle de l'autre ; car la terreur eſt une paſſion qui donne toujours du *contentement*, pourvu qu'elle n'affecte pas trop. Pour la pitié, c'eſt une paſſion qu'accompagne toujours le *plaiſir*, parce qu'elle tire ſon origine de l'amour, & de l'affection ſociale. Toutes les fois que la nature nous a formés pour agir d'une façon, ou d'une autre, la paſſion qui nous y porte eſt accompagnée de *contentement*, ou de *plaiſir*, de quelque

Tome I. G

espèce qu'il soit, & quel que soit le sujet; & comme le Créateur a voulu que nous fussions unis par le lien de la simpatie, il l'a rendu plus fort ce lien, en y ajoutant un *contentement* proportionné, sur tout dans les cas où notre simpatie se trouve si nécessaire, dans les malheurs des autres. Si cette passion ne causoit que de la douleur, nous éviterions avec le plus grand soin toutes les personnes & les lieux qui pouroient faire naitre cette passion, comme sont précisément ceux qui sont devenus indolens au point de ne pas pouvoir endurer de forte impression. Mais le cas est bien différent vis-à-vis de la plus grande partie du genre humain. Il n'y a point de spectacle que nous poursuivions avec autant d'avidité que celui de quelque calamité extraordinaire, & même accablante. En effet, soit que le malheur soit sous les yeux, soit qu'on ne l'envisage que dans l'histoire, on sent toujours du *contentement*, mais il est mélangé;

il va de compagnie avec une inquiétude qui n'eſt pas peu conſidérable. Le *contentement* que nous trouvons dans ces choſes, nous empêche d'éviter des ſcènes de misère, & la douleur que nous ſentons, nous porte à nous ſoulager, en ſoulageant ceux qui ſouffrent. Tout cela ſe fait avant le raiſonnement, par un inſtinct qui nous mène à ſon but, ſans que nous y concourions, ou du moins ſans que nous croyions y concourir.

SECTION XV.

Des effets de la Tragédie.

NOUS venons de voir comment nous ſommes affectés dans les malheurs réels. Dans ceux que l'on ne fait que préſenter par imitation, la ſeule différence eſt que le plaiſir réſulte des effets de l'imitation. Car quel-

que parfaite qu'elle foit , nous voyons que
c'en eft une , & d'après ce principe nous en
fommes en quelque façon contens. Il eft réellement des cas , où nous avons par là autant ,
& plus de plaifir que par la chofe elle-même ; mais alors , j'imagine que nous nous
tromperions fort , fi nous voulions avancer
que la plus grande partie de la fatisfaction que
nous procure la *Tragédie* , vient de ce que
nous la regardons comme une impofture , &
de ce que nous voyons bien qu'il n'y a point
de réalité dans ce qu'elle repréfente. Plus
elle approche de la réalité , & plus elle nous
éloigne de toute idée de fiction , plus elle a
de force fur notre efprit. Mais de quelque
efpèce que foit fon pouvoir , elle n'approche
jamais de ce qu'elle veut repréfenter. Fixez
un jour pour la repréfentation d'une des plus
belles Tragédies que nous ayions , une des
plus touchantes , choififfez les meilleurs Ac-
teurs , n'épargnez rien pour vos décorations ,

uniffez tout ce que la Poëfie, la Mufique, & la Peinture ont de plus parfait, & quand tout le monde fera affemblé & placé, au moment où la pièce doit commencer, annoncez qu'un criminel d'Etat d'un haut rang va être exécuté dans la place voifine, dans un moment votre falle fe trouvera vuide. En faut-il davantage pour vous démontrer la foibleffe comparative des arts imitatifs ? Quelle victoire, quel triomphe pour la fimpatie réelle ! Je penfe que nous ne trouvons une fimple douleur dans la réalité, & cependant un certain *contentement* dans la répréfentation, que parce que nous ne diftinguons pas affez ce que nous ne voudrions pas faire de ce que nous défirerions affez vivement de voir, s'il étoit une fois fait. Nous avons du *contentement* à contempler des chofes que nous fommes bien éloignés de faire, & qu'au contraire nous fouhaiterions fort qui fuffent changées, Londres, cette glorieufe capitale de

l'Angleterre, la plus belle ville de l'Europe,
y auroit-il un homme assez singulièrement
méchant pour désirer de la voir, ou réduite
en cendres, ou entièrement détruite par quelque tremblement de terre, quelqu'éloigné
qu'il fût du danger? Je ne le crois pas. Mais
supposé que ce funeste accident fût arrivé,
quelle foule de monde n'accourroit pas de
tous côtés pour en voir les ruines? Et dans
ce grand nombre, combien ne s'en trouveroit-
il point qui ne seroient pas fâchés de n'avoir
point vu Londres dans sa gloire? Dans les
malheurs ou réels, ou supposés, ce n'est pas
parce que nous en sommes exempts que nous
avons du *contentement*, du moins mon esprit
ne me présente rien de semblable; il me paroit qu'il ne faut attribuer cette méprise qu'à
une espèce de sophisme qui nous en impose
souvent. Elle vient de ce que nous ne faisons
point de distinction entre ce qui nécessaire-
ment nous fait faire, ou souffrir quelque chose

en général, & ce qui est la cause de quelque action particulière. Si un homme me tue d'un coup
d'épée , pour cela il faut absolument que nous
ayions été en vie l'un & l'autre avant l'action;
& cependant ce seroit une absurdité de dire
que c'est parce que nous étions tous deux des
créatures vivantes qu'il a commis son crime, &
que c'est là la cause de ma mort. Il est pareillement certain qu'il est absolument nécessaire
que ma vie soit à l'abri de tout danger éminent , avant que je puisse trouver du *contentement* dans les souffrances des autres , soit
réelles , soit imaginaires , ou dans toute autre
chose pour quelque cause que ce soit. Mais
c'est alors un sophisme de conclure de là que
cette exemption est la cause du *contentement*
que je trouve , ou dans ces occasions , ou dans
toute autre. Je crois que personne ne peut
distinguer dans son esprit une pareille cause
de satisfaction ; & même quand nous ne souf-
frons pas des douleurs fort aigues , & que

G iv

nous ne courons aucun danger évident de perdre la vie, nous pouvons fentir, être affectés pour les autres au moment où nous fouffrons nous-mêmes ; & cela arrive principalement quand nous fommes attendris par l'affliction ; nous voyons avec compaffion des malheurs que nous prendrions volontiers au lieu des nôtres.

SECTION XVI.

De l'Imitation.

LA feconde paffion qui appartient à la fociété, eft l'imitation, ou fi vous voulez, le defir d'imiter, & par conféquent le plaifir qu'on y trouve. Cette paffion vient à peu près de la même caufe que la fimpatie En effet comme la fimpatie nous fait prendre de l'intérêt à tout ce que fentent les hommes, cette

affection nous porte à copier tout ce qu'ils
font. Nous avons donc un certain plaisir à
imiter ; tout ce qui regarde l'*imitation* purement comme telle, nous en fait ; le raisonnement ne s'en mêle point ; nous le devons
uniquement à notre tempérament naturel,
que la Providence a arrangé de façon que
nous trouvons, ou du *plaisir*, ou du *contentement*, suivant la nature de l'objet, dans tout ce
qui regarde le but auquel tend notre être. C'est
beaucoup plus par l'*imitation* que par les pré-
ceptes que nous apprenons tout, & tout ce
que nous apprenons de cette manière, nous ne
l'apprenons pas seulement mieux, mais plus
agréablement. Elle forme nos mœurs, nos
opinions, notre vie. C'est un des plus forts
liens de la société ; c'est une espèce de com-
plaisance mutuelle que tous les hommes ont
les uns pour les autres, sans que ce soit une
gêne pour eux-mêmes ; elle les flatte tous.
Elle sert aussi de base fondamentale à la pein-

ture, & à beaucoup d'autres arts agréables.
Comme elle est de la dernière conséquence,
vu l'influence qu'elle a sur nos mœurs, ainsi
que sur nos paffions, je hazarderai d'établir
ici une règle qui pourra apprendre avec affez
de certitude dans quelles circonstances il faut
attribuer le pouvoir des arts sur l'efprit, à
l'*imitation*, ou au plaifir que donne fimplement l'habileté de l'imitateur, & dans quel
cas il eft l'effet de la fimpatie, ou de quelqu'autre caufe qui s'y trouve jointe. Lorfque
l'objet repréfenté en poëfie, ou en peinture,
eft tel que nous n'ayions aucun defir de le voir
en réalité, nous pouvons être affurés que fon
effet en poëfie, ou en peinture n'eft dû qu'à
l'*imitation*, & non à aucune caufe qui agiffe
dans la chofe même. Il en eft de même de
la plupart des morceaux que les Peintres ap-
pellent Tableaux de chofes inanimées. Dans
ces pièces un hameau, une métairie, les uf-
tenciles de cuifine les plus communs, les plus

ordinaires, peuvent nous donner du *plaifir;*
mais quand l'objet de la peinture, ou du poème, eft tel que nous courrions pour le voir,
s'il étoit réel, quelque fingulière fenfation
qu'il faffe naitre en nous, nous pouvons compter que l'effet de ce poème, ou de cette peinture, eft du plus à la nature de la chofe qu'au
fimple effet de l'*imitation*, ou à la réflexion
qu'on fait fur l'habileté de l'imitateur quelqu'excellent qu'il foit. Ariftote en a tant dit
dans fa Poétique fur la force de l'*imitation*,
& il l'a fait avec tant de folidité, qu'il eft
affez inutile d'en dire davantage fur ce fujet.

SECTION XVII.

De l'Ambition.

QUOIQUE l'imitation foit un des grands
moyens qu'emploie la Providence pour por-

ter notre nature à sa perfection, cependant
si les hommes s'y addonnoient entièrement,
qu'ils se suivissent les uns les autres, & cela
toujours sans interruption, il est aisé de voir
qu'ils ne se perfectionneroient jamais en aucune façon. Il faudroit, suivant les loix communes de la nature, que les hommes restas-
sent, comme font les brutes, les mêmes à la
fin, qu'ils sont aujourd'hui, & qu'ils ont été
au commencement du monde. Dieu a voulu
à cet égard distinguer l'homme des autres animaux, il lui a donné de l'*ambition*, ce sentiment qu'accompagne ordinairement une satisfaction qui vient de la supériorité qu'on a
sur ses semblables, dans des choses qu'ils es-
timent réellement. C'est cette passion qui porte les hommes à se signaler de tant de fa-
çons, & qui tend à rendre si agréable tout ce
qui fait naitre dans l'homme l'idée de cette
distinction. Elle a été portée au point que des
hommes accablés de malheurs ont trouvé de

la confolation à être les plus malheureux. Il eft certain que quand nous ne pouvons pas nous diftinguer par quelque chofe d'excellent, nous cherchons à nous procurer un plaifir équivalent par quelques infirmités, quelques folies particulières, quelques défauts d'une efpèce, ou d'une autre. C'eft d'après ce principe que la flatterie prévaut tant; car la flatterie n'eft que ce qui excite dans l'efprit de l'homme une idée de préférence qu'il n'a pas. Tout ce qui, fur de bons, ou de mauvais fondemens, tend à élever un homme au deffus de ce qu'il fe croyoit, produit à l'efprit humain une efpèce de triomphe qui lui eft fort agréable, & dont il s'enorgueillit ordinairement. Cet orgueil ne s'apperçoit jamais mieux, il n'agit jamais avec plus de force que, lorfque fans courir de danger, nous pouvons nous familiarifer avec des objets terribles; l'efprit s'arroge toujours une partie de la dignité & de l'importance de ces mêmes objets. C'eft là ce qui a fait remarquer à Longin cette gloire, & ce fentiment de grandeur, dont on eft toujours rempli intérieurement, quand on lit dans les Poètes & les Orateurs des paſſages fublimes. C'eſt auſſi ce que tout homme doit avoir fenti en lui-même dans des occaſions femblables.

SECTION XVIII.

Récapitulation.

RÉDUISONS tout ce que nous avons dit, à quelques points clairs, & diftincts les uns des autres. Les paſſions qui regardent la confervation de foi-même, roulent fur le danger & la douleur; elles font fimplement douloureufes, quand leurs caufes nous affectent immédiatement; elles nous donnent du *contentement*, lorſque nous avons une idée de douleur & de danger , sans être positivement dans ces circonstances. Ce *contentement*, je ne l'ai pas appellé *plaisir* , parce qu'il roule sur la douleur , & qu'il est assez différent de toute idée de plaisir positif. Tout ce qui donne lieu à ce *contentement*, je l'appelle *sublime*. Les passions les plus fortes sont celles qui regardent la conservation de soi-même

Le second objet auquel on rapporte les passions quant à leur cause finale , est la *société*. Il y a deux sortes de sociétés. La première est la société des sèxes. La passion qui y a rapport est l'amour , & elle est mélangée de desirs charnels; elle a pour objet *la beauté* des femmes. L'autre est la société bien plus étendue de l homme avec tous les autres animaux. La passion qui y a rapport est une espèce d'amour , une affection qui n'est point du tout mélangée d'aucun plaisir charnel ; elle a pour objet *la beauté* : c'est le nom que je donnerai à toutes les qualités des choses qui

produisent en nous un sentiment d'affection,
de tendresse, ou quelqu'autre passion qui leur
ressemble le plus. L'amour ne prend sa source que dans le plaisir positif ; il est comme
tout ce qui vient du plaisir, sujet à se trouver
mélangé d'une espèce d'inquiétude, & c'est
quand l'idée de son objet se trouve unie en
même tems dans l'esprit avec l'idée de l'avoir
perdu sans ressource. Je n'ai point appellé
douleur, cette sensation mélangée de plaisir,
parce qu'elle roule sur le plaisir positif, &
qu'elle est, tant dans sa cause que dans la
plupart de ses effets, d'une nature entièrement
différente.

Après la passion générale que nous avons
pour la société, & le choix dans lequel nous
dirige le plaisir que nous trouvons dans l'objet, la passion particulière renfermée dans
cette classe sous la dénomination de *simpatie*,
est celle qui a le plus d'étendue. La nature
de cette passion est de nous mettre à la place

de

de quelqu'un dans quelque circonftance qu'il foit, & de nous affecter de même que lui ; elle peut donc par là, felon que l'occafion l'exige, rouler fur la douleur ou le plaifir, mais avec les modifications dont j'ai fait mention dans certains cas de la Section II. Quant à l'*imitation*, & à l'*ambition*, il n'eft pas néceffaire d'en rien dire de plus.

SECTION XIX.

Conclufion.

UNE recherche de la nature de celle dont il s'agira dans la feconde partie de cet ouvrage, demandoit des notions, des remarques préliminaires, qui lui ferviffent d'introduction ; j'ai cru devoir parcourir méthodiquement nos paffions les plus dominantes afin de mieux y préparer le lecteur. Les paffions dont j'ai parlé, font prefque les feules qu'il foit néceffaire d'examiner en conféquence du fiftème que je propofe. Je ne prétends pourtant pas dire que les paffions ne font point variées, & qu'elle ne méritent point dans toutes leurs différentes branches, la recherche la plus exacte. Plus nous examinons attentivement l'efprit humain, plus nous trouvons par tout des traces de la fageffe de celui qui l'a formé. L'étude des paffions que je regarde comme les organes de l'efprit, ne dévoile pas moins à l'homme la grandeur du Dieu qui l'a créé, que ne fait la connoiffance de l'harmonie qu'il a établie entre toutes les parties de fon corps & leur ufage ; elles lui procurent l'une & l'autre, le double avantage de favoir, fuivant les bornes prefcrites à fon entendement, combien le Créateur eft grand & parfait dans fes ouvrages, & de les admirer fans ceffe. C'eft à lui qu'il faut que nous rapportions tout ce que nous trouvons de jufte, de bon, &

de beau en nous. Sa fageſſe & ſon pouvoir ſe manifeſtent juſques dans notre propre foi- bleſſe, dans notre imperfection : quand nous les voyons dans tout leur éclat, nous ſommes remplis de crainte & de reſpect ; nous en ado- rons la profondeur & l'étendue, lorſque nous nous trouvons égarés, perdus dans nos recher- ches. Nous pouvons examiner les ouvrages du Tout-Puiſſant, en faire l'objet de nos réflec- tions, mais nous ne devons pas oublier que nous ſommes ſes créatures ; nous pouvons nous élever juſqu'au pied de ſon trône, mais ce doit être pour lui faire l'hommage de notre exiſtence. Il faut que l'élévation de l'ame ſoit le but principal de nos études ; ſi elles ne nous y font pas parvenir en partie, elles nous ſervent à fort peu de choſe. Je croirois qu'il ne ſuffit pas de ſe propoſer ce but important ; ſi nous voulons raiſonner de nos paſſions d'après des principes ſurs & ſolides, il ſeroit nécef- ſaire d'examiner ſur quoi elles roulent. Ce

n'eft pas affez non plus de les connoitre en général; pour les affecter avec une certaine délicateffe, ou pour bien juger de tout ce qui peut
y faire parvenir, il faut connoitre les bornes
exactes de leurs jurifdictions, il faut les fuivre
dans toutes leurs différentes opérations, & pé-
nétrer les parties les plus fecrètes de notre nature, celles qui pouroient paroitre inacceffi-
bles, impénétrables,

Quod latet arcanâ non enarrabile fibrâ.

On s'affure quelquefois fans tout cela,
quoique d'une manière confufe, de la vérité de fon ouvrage, mais alors on ne peut
jamais avoir de règle certaine pour fe conduire; l'on ne peut pas non plus rendre fes
propofitions affez claires pour les autres. Il
eft des Poètes, des Orateurs, des Peintres,
& autres qui cultivant telle, ou telle branche
des arts libéraux, fans le fecours de cette connoiffance critique, ont affez bien réuffi dans
leurs différentes fphères, & qui y réuffiront

toujours ; on a vu des Artiftes qui ont inven-
té & exécuté des machines, fans avoir une
exacte connoiffance de leurs principes ; j'avoue
qu'il eft fort ordinaire que l'on fe trompe dans
la théorie, & que l'on foit jufte dans la pratique ; & il eft heureux pour nous que la chofe
foit ainfi ; fouvent même tel, ou tel homme
agit bien fuivant fes fenfations, qui partant
d'un principe, en raifonne mal après ; tout cela
eft vrai ; mais comme il nous eft impoffible
d'éviter de tomber dans de pareils raifonne-
mens, ainfi qu'il l'eft d'empêcher qu'ils n'in-
fluent fur nous quand il s'agit de pratique, nous
devons certainement bien prendre la peine de
les faire juftes, & de les appuyer fur la bafe la
plus fure, l'expérience. Les Artiftes fur lefquels
nous pourrions & devrions le plus compter ici,
fe font trop livrés à la pratique. Les Philofo-
phes n'ont pas fait beaucoup plus qu'eux, ou ce
qu'ils ont fait, n'a été pour la plupart du tems
que dans la vue de fuivre leurs fiftèmes & les

projets qu'ils avoient formés. Quant à ceux
qu'on appelle Critiques, ils ont cherché en général les règles de l'art, où ils ne le devoient
pas, dans des Poëmes, des Tableaux, des Gra-
vures, des Statues, des Édifices. L'art ne peut
jamais donner les règles qui font, qui confti-
tuent l'art. Voilà, je crois, la raifon pour
laquelle les Artiftes en général, & les Poëtes
principalement, fe font trouvés renfermés
dans une fphère fi étroite; ils ont été plutôt
imitateurs les uns des autres, que de la nature; ils l'ont été avec une uniformité fi exacte,
& fi fidèle, ils ont puifé leurs modèles dans
une antiquité fi reculée, qu'il eft difficile de
dire qui a établi le premier la règle. Les Critiques les fuivent, ils puifent à la même fource, c'eft pourquoi, comme guides, ils font
peu. Le jugement que je porte fur une chofe,
eft comme imparfait, fi je ne la compare
qu'à elle-même. Je crois devoir avancer que
les véritables règles de l'art font au pouvoir

de tous les hommes. Les chofes les plus ordinaires & les moins confidérables dans la nature, quelque légèrement qu'on les obferve,
donnent les jours les plus lumineux, les plus
vrais, tandis qu'avec la plus grande fagacité,
l'induftrie la plus fine, fi nous négligeons cette
obfervation, nous reftons abfolument dans
les ténèbres, ou ce qu'il y a de pis, nous nous
laiffons conduire par de fauffes lumières que
l'on doit regarder comme des feux follets qui
nous amufent, & nous égarent infenfiblement.
En fait de recherches, on a prefque tout,
quand on eft une fois dans le bon chemin. Je
fais que c'eft peu de chofe que ces obfervations confidérées en elles-mêmes, & je n'aurois jamais pris la peine de les arranger ;
j'aurois encore bien moins rifqué de les rendre publiques, fi je n'étois pas convaincu qu'il
n'y a rien qui tende plus à corrompre la
fcience que de la laiffer comme croupir. C'eft
une liqueur fouveraine qu'il faut bien re-

muer, bien battre, pour la mettre en état
de réalifer fes vertus. L'homme qui dans fon
travail, va au delà de la furface des chofes,
quoiqu'il fe trompe, fraie pourtant le chemin aux autres, il le leur rend facile; il peut
quelquefois arriver que fes erreurs, fes mé-
prifes même, fervent à la caufe de la vérité.
Dans les parties qui fuivront cette première,
j'examinerai quelles font les chofes qui produifent en nous les affections du Sublime &
du Beau, comme dans celle-ci j'ai examiné
ces affections mêmes. Je ne demande qu'une
grace, c'eft qu'on ne juge aucune partie feu-
le, & indépendamment du refte. Je n'ignore
pas que je n'ai point difpofé mes matériaux
de manière à foutenir l'épreuve d'une contre-
verfe captieufe. Je compte donc fur un examen doux, tel que je fuis dans le cas de l'efpérer de la part de ceux qui aiment la vérité,
& qui lui font toujours un accueil favorable.

Fin de la première Partie.

RECHERCHES
PHILOSOPHIQUES

Sur l'origine des idées que nous avons
du Beau & du Sublime.

SECONDE PARTIE.

SECTION PREMIERE.

De la passion que produit le Sublime.

A passion que produit ce qu'il y a
de grand & de sublime dans la nature, lorsque ces causes agissent
avec le plus de force, est *l'étonnement.*

L'*étonnement* eſt cet état où l'ame ſaiſie d'horreur juſqu'à un certain point, voit tous ſes mouvemens comme ſuſpendus (1), Dans cette circonſtance l'eſprit ſe trouve ſi rempli de ſon objet, qu'il ne peut, ni ſe livrer à aucun autre, ni par conſéquent raiſonner ſur celui qui l'occupe entièrement. C'eſt de-là que vient le grand pouvoir du Sublime, qui bien loin d'être la conſéquence de nos raiſonnemens, les prévient, & nous entraine ſans que nous puiſſions nous y refuſer. L'*étonnement* eſt donc, comme je l'ai dit, l'effet du ſublime dans ſon plus haut point; l'admiration & le reſpect ne ſont que des effets ſubordonnés à ce premier.

_____

(1) Part. 1. Sect. 3. 4. 7.

SECTION II.

De la Terreur.

IL n'eſt point de paſſion qui ôte à l'eſprit le pouvoir qu'il a d'agir & de raiſonner, comme fait la peur (1). La peur eſt la crainte de la douleur, ou de la mort. Son effet eſt donc en quelque façon le même que celui que produit la douleur poſitive. Il s'enſuit de-là que tout ce qui eſt terrible, à l'égard de la vue, eſt pareillement ſublime, ſoit que cette cauſe de *terreur*, ſoit accompagnée de la grandeur des dimenſions, ou non ; car il eſt impoſſible de regarder comme de peu de conſéquence, de peu digne d'attention, quelque choſe qui peut être dangereux. Il eſt beaucoup d'animaux qui, quoique fort éloignés d'être

(1) Part. 4. Sect. 3. 4. 5. 6.

d'une certaine grandeur , peuvent pourtant produire des idées du sublime , parce qu'on les regarde comme des objets de *terreur* ; tels sont les serpens , les animaux envenimés de toutes les espèces. Si même à des choses grandes & vastes , nous ajoutons une idée accidentelle de *terreur*, elles deviennent sans comparaison bien plus grandes encore. Qu'on se représente une plaine unie, d'une vaste étendue , cette idée n'est pas peu considérable ; la perspective qu'on se fait d'une pareille plaine poura égaler l'immensité de l'Océan ; jamais pourtant elle ne remplira l'esprit de rien d'aussi vaste que l'Océan même. Cela doit s'attribuer à différentes causes, dont la plus considérable est sans contredit l'idée terrible, épouvantable, que présente ce vaste amas d'eaux qui entourent le globe de la terre. En effet la *terreur* dans tous les cas, quels qu'ils soient, est le premier principe du sublime, soit qu'on l'apperçoive , ou non. Il y a plu-

fieurs langues qui prouvent inconteftablement
l'affinité de ces deux idées. On y fait fouvent ufage du même mot pour exprimer in-
différemment les modes de l'étonnement,
ou de l'admiration, & ceux de la *terreur*.
Θαμβος, fignifie en Grec, ou la peur, ou l'étonnement : δεος, veut dire terrible & vénéra-
ble ; Αιδεω craindre, ou refpecter. *Vereor*,
en Latin, rend le mot Grec Αιδεω. Les Ro-
mains fe fervoient du verbe *Stupeo*, qui rend
avec force l'état d'un efprit étonné, pour exprimer l'effet ou de la fimple peur, ou de
l'étonnement. Le mot *Attonitus*, *Thunderf-*
truck, faifi d'étonnement, rend également
l'alliance de ces idées ; & le François par le
mot *étonnement*, comme l'Anglois par les
mots *aftonishment*, & *amazement*, ne défi-
gne-t-il pas avec la même clarté les mouvemens analogues qui font la fuite de la peur
& de l'étonnement ? Je ne doute pas que ceux
qui ont une conoiffance plus générale des lan-

gues, ne puſſent produire un plus grand nombre d'exemples auſſi frappans que ceux que j'ai rapportés.

SECTION III.

De l'obſcurité.

L'OBSCURITÉ (1) paroit en général néceſ-faire, quand ii s'agit d'ajouter à la terreur qu'inſpire telle, ou telle choſe. Lorſque nous connoiſſons toute l'étendue d'un danger, que nous pouvons y accoutumer nos yeux, la crainte qu'il inſpire, ſe diſſipe en partie. Il ſuffiroit pour s'en convaincre, d'examiner combien la nuit ajoute à la terreur, dans tous les cas de danger, & juſqu'à quel point les notions d'eſprits & de ſpectres, dont perſon-

(1) Part. 4. Sect. 14. 15. 16.

ne ne peut fe former d'idées claires, affectent ceux qui ajoutent foi à des contes populaires touchant ces efpèces d'êtres. Dans les gouvernemens defpotiques qui font fondés fur les paffions des hommes, & principalement fur la crainte, on dérobe, autant qu'il eft poffible, le chef aux yeux du public. Telle a été la politique de la religion des Anciens dans biens des cas. Prefque tous les Temples Payens étoient fombres. Aujourd'hui même les Sauvages d'Amérique tiennent leur Idole dans un coin obfcur de la cabane qui eft confacrée à fon culte. C'eft pareillement pour cela que les Druides faifoient leurs cérémonies au milieu des bois les plus épais & les plus fombres, & à l'ombre des chênes les plus vieux & les plus branchus. Perfonne ne paroit avoir mieux eu le fecret de préfenter des chofes terribles, d'en augmenter l'horreur, fi je puis m'exprimer ainfi, de les mettre dans leur plus grand jour, par le

moyen d'une *obscurité* judicieusement ménagée, que Milton. La description qu'il fait
de la mort dans son second livre du Paradis
perdu, est admirablement bien travaillée.
C'est une chose étonnante, inconcevable
même, que cette pompe ténébreuse, cette
incertitude si marquée, & si expressive dans
les traits qu'il trace, & ce coloris inimitable
qu'il emploie, pour faire le portrait de la terreur des terreurs.

> The other shape
> If shape it might be called that shape had none
> Distinguishable, in member, joint, or limb;
> Or substance might be called that shadow seemed,
> For each seemed either; black he stood as night;
> Fierce as ten furies; terrible as hell;
> And shook a deadly dart. What seemed his head
> The likeness of a kingly crown had on.
>
> *Milt. P. P. l. 2.*

» L'autre figure, si l'on peut nommer
» ainsi ce qui n'avoit point de forme dis-
» tincte dans ses membres, ou dans ses join-
» tures, ou qu'on puisse appeller substance
» ce

” ce qui reſſembloit à peine à une ombre,
” car on pouvoit les prendre l'une pour l'au-
” tre ; cette figure , dis-je , égaloit la nuit
” en noirceur ; féroce comme dix furies ,
” terrible comme l'enfer , elle branloit un
” dard meurtrier , & portoit ſur ce qui pa-
” roiſſoit être ſa tête , une eſpèce de couronne
” royale.

Tout dans cette deſcription n'eſt-il pas
ſombre, douteux, confus, terrible, & ſublime au plus haut point ?

SECTION IV.

De la différence qui ſe trouve entre la
Clarté & l'Obſcurité , à l'égard
des paſſions.

Rendre une idée claire , & faire qu'elle
affecte l'imagination , ſont deux choſes bien

diſtinctes. Que je deſſine un palais , ou un temple , ou un païſage , par-là je préſente une idée fort claire de ces objets ; mais alors , donnant à l'effet de l'imitation qui eſt quelque choſe , tout ce qu'il mérite , mon deſſein ne peut affecter tout au plus que comme le palais , ou le temple , ou le païſage , auroit fait dans la réalité. D'un autre côté la deſcription verbale que je puis en donner , quelque vive , quelqu'animée qu'elle ſoit , ne préſente qu'une idée fort obſcure & fort imparfaite de ſes objets ; mais il eſt toujours en mon pouvoir de produire en les décrivant une émotion plus forte que je ne pourois faire , quelque bien que je les deſſinaſſe , ou que je les peigniſſe. L'expérience le prouve continuellement. La vraie manière de faire paſſer les affections de l'eſprit d'une perſonne dans une autre , c'eſt de ſe ſervir des organes de la voix, de la parole. Tout autre moyen de communication eſt inſuffiſant. Bien loin même que la *clarté* des images soit absolument néceffaire pour agir fur les paffions, on peut le faire avec un grand fuccès, même fans en préfenter aucune, & cela par le moyen de certains fons adaptés à cet effet. Nous en avons une preuve fuffifante dans les puiffans effets de la mufique inftrumentale, effets dont le pouvoir eft fi univerfellement reconnu. Dans la réalité, une grande *clarté* n'eft que d'un fort petit fecours pour affecter les paffions, puifqu'elle eft en quelque façon ennemie de toutes fortes d'entoufiafmes.

Il fe trouve dans l'Art Poétique d'Horace deux vers qui paroiffent contredire cette opinion ; c'eft ce qui fera que je prendrai un peu plus de peine afin de la rendre claire. Il dit :

Segniùs irritant animos demiffa per aures
Quam quæ funt oculis demiffa fidelibus.
Hor. A. P.

» Ce qui ne frappe que les oreilles, fait

I ij

» moins d'impreſſion ſur l'eſprit, que ce qui
» frappe les yeux.

C'eſt ſur ce ſentiment que M. l'Abbé Dubos appuie ſa critique. Il y donne la préférence à la Peinture ſur la Poéſie, dans les cas
où il s'agit d'émouvoir les paſſions; & il ſe
croit fondé ſur ce qu'elle repréſente les idées
avec beaucoup plus de *clarté*. Je crois que
cet excellent juge n'a donné dans cette mépriſe, ſi c'en eſt une, qu'en conféquence de
ſon ſiſtème, auquel il l'a trouvée plus conforme, à ce que j'imagine, que ne le prouvera
l'expérience. Je connois bien des perſonnes
qui aiment la peinture, qui l'admirent, &
qui pourtant ne regardent ces objets de leur
admiration qu'avec une certaine froideur, ſi
on la compare à la chaleur qui les anime,
quand elles liſent des morceaux pathétiques,
ſoit de poéſie, ſoit d'éloquence. Il ne m'a jamais paru que dans les gens ordinaires, la
peinture eût beaucoup d'influence ſur leurs

paſſions. Il eſt vrai que la connoiſſance rai-
ſonnée des meilleurs morceaux de peinture,
ou de poéſie, n'eſt pas du reſſort des perſonnes qui ſe trouvent dans cette ſphère. Il eſt
du moins très certain que leurs paſſions peuvent être fortement émues par un Miniſtre
fanatique. Le Chevy-chaſe (1), ou les enfans
dans le bois (2), & pluſieurs autres petites pièces de poéſie, ou Contes, faits pour le bas
peuple, & qu'il accueille toujours ſi bien,
produiſent le même effet. Je ne crois pas
qu'il en ſoit de même d'aucun tableau, bon,
ou mauvais. La Poéſie donc malgré toute ſon
obſcurité, exerce ſur les paſſions un empire
plus étendu & plus puiſſant que ne fait la
peinture. Il y a, à ce que je penſe, des rai-

(1) Vaudeville Anglois. *Voy.* le Spectateur Anglois.

(2) Autre Vaudeville Anglois dans le gout des
Contes des Fées.

fons dans la nature pour lefquelles l'*obfcu-rité* dans une idée, quand elle eft ménagée comme il convient, affecte plus que ne feroit la *clarté.* C'eft en général parce que nous ne connoiffons pas bien les chofes, que nous les admirons, qu'elles nous étonnent; c'eft ce qui fait principalement agir nos paffions. Les caufes les plus frappantes n'affectent que fort peu, quand on les connoit bien, qu'on eft inftruit. Tel eft le cas du vulgaire, tel eft ce-lui de tous les hommes à l'égard de ce qu'ils n'entendent point. Les idées d'éternité, d'in-finité, font du nombre de celles qui nous af-fectent le plus; & cependant il n'y a peut-être rien que nous entendions fi peu que l'in-finité & l'éternité. Nous ne voyons en aucun endroit de defcription plus fublime que celle qui fe trouve dans Milton, & que tout le monde admire avec tant de juftice. Il s'agit du portrait de Satan qu'il repréfente avec toute la dignité qui convient au fujet.

He above the rest
In shape and gesture proudly eminent
Stood like a tower ; his form had yet not loft
All her original brightness, nor appeared
Less than Archangel ruin'd, and th' excess
Of glory obscured : as when the sun new ris'n
Looks trough the horizontal misty air
Shorn of his beams ; or from behind the moon
In dim eclipse disastrous twilight sheds
On half the nations; and with fear of change
Perplexes monarchs. *Milt. P. P. l.* 1.

» Satan par sa taille & la fierté de son
» maintien, les surpassoit tous, comme une
» tour fort élevée domine tout le païs qui
» l'environne ; sa forme n'avoit pas encore
» perdu tout son premier éclat ; on recon-
» noissoit encore l'Archange quoique déchu,
» quoiqu'il eût beaucoup perdu de sa gloire :
» tel au point du jour le soleil se montre à
» travers le brouillard, ou dans une sombre
» éclipse, quand caché par la lune il répand
» sur la moitié des nations un jour qui les
» épouvante, & allarme les Rois en leur fai-
» sant craindre des révolutions.

C'eſt là ſans doute un fort beau tableau, & il eſt très poétique ; mais qu'y trouve-t'on ? Une tour, un Archange, le ſoleil qui ſe lève dans des brouillards, ou qui ſe trouve éclipſé, |la ruine des Rois, & les révolutions de leurs Royaumes. L'eſprit eſt arraché à lui-même par une foule de penſées ſublimes, & confuſes en même tems, qui n'affectent que parce qu'elles ſe trouvent comme entaſſées confuſément les unes ſur les autres. Séparez-les, vous perdrez beaucoup de leur ſublimité. Liez-les, & vous en détruiſez infailliblement la clarté. Les images que produit la poëſie ſont toujours de cette *obſcurité ;* cependant en général on ne doit attribuer en aucune façon les effets de la poëſie aux images qu'elle préſente. C'eſt un point que nous examinerons plus au long dans la ſuite (1). Mais la peinture, ſans compter le plaiſir de

(1) Part. 5.

l'imitation, ne peut affecter que simplement par les images qu'elle offre ; & encore
dans la peinture même , une *obscurité* judi-
cieuse dans certaines chofes ne contribue pas
peu à l'effet du tableau , parce que les images en peinture font exactement femblables
à celle de la nature , & que dans la nature
les images fombres , confufes , & douteufes,
ont plus de pouvoir fur l'imagination pour
produire de plus grandes paffions , que celles
qui font plus claires & plus déterminées. Mais
il faut favoir où , & quand, on peut appliquer
cette obfervation à la pratique , & jufqu'où
elle peut s'étendre. C'eft ce qui fe déduira
mieux de la nature du fujet & de la circonftance , que d'aucunes règles que l'on puiffe
donner.

Je fais que cette idée a déja rencontré des
contrariétés , & que vrai-femblablement bien
des perfonnes la rejetteront encore. Mais je
demanderois que l'on remarquât qu'il y a à

peine quelque chofe qui frappe l'efprit par fa
grandeur, qui n'approche pas un peu de l'infinité. Rien ne peut produire cet effet, tant
que nous pouvons en appercevoir les bornes.
Voir un objet diftinctement, & en découvrir les bornes, ne font qu'une & même chofe. Il s'enfuit delà qu'une idée claire n'eft en
d'autres termes qu'une petite idée. On trouve
dans le Livre de Job un paſſage étonnant par
fa fublimité. C'eft à la terrible incertitude qui
y eft décrite que l'on doit attribuer principalement cette idée.

» Dans l'horreur d'une vifion nocturne,
» lorfque le fommeil affoupit davantage tous
» les fens des hommes, je fus faifi de crainte
» & de tremblement, & la frayeur pénétra
» jufques dans mes os : un efprit fe préfenta
» devant moi, & les cheveux m'en dreffe-
» rent à la tête : je vis quelqu'un dont je ne
» connoiffois point le vifage ; un fpectre pa-
» rut devant mes yeux, & j'entendis une

» voix foible, comme un petit souffle, qui me
» dit, l'homme comparé à Dieu sera-t'il juf-
» tifié, & fera-t'il plus pur que celui qui l'a
» créé ? *Job. chap.* 4.

N'eft-ce pas avec toute la majefté poffible
que nous fommes préparés à la vifion ? Nous
fommes d'abord épouvantés, & enfuite nous
appercevons la caufe obfcure de notre émotion ; mais quand cette grande caufe de terreur fe développe, comment la voyons-nous ?
Elle eft entourée des ombres de fon *obfcurité* incompréhenfible ; nous la voyons plus
majeftueufe, plus terrible, plus frappante que
la defcription la plus vive, & la peinture la plus
diftincte, n'auroient pu la répréfenter. Lorfque les peintres ont effayé de nous rendre avec
clarté ces idées terribles qu'enfante l'imagination, je crois qu'ils ont toujours échoué
dans leur projet. En effet, je n'ai jamais fçu,
fi dans tous les tableaux de l'enfer que j'ai
vus, ceux qui les avoient faits ne s'étoient pas

propofé de préfenter des objets amufans.
Plufieurs Peintres ont traité un fujet de cette
efpèce, dans la vue fans doute de raffembler
autant de phantômes horribles que leur imagination pouvoit leur en fuggérer. Toutes
les eftampes de la tentation de Saint Antoine
que le hazard m'a fait rencontrer, doivent
plutôt amufer par leurs defcriptions fingu-
lièrement grotefques & extraordinaires, que
de faire naitre une paffion férieufe & réflé-
chie. La poèfie eft fort heureufe dans tous ces
fujets. Ses apparitions, fes chimères, fes
harpies, fes figures allégoriques font grandes,
& elles affectent. Quoique la Renommée de
Virgile, & la Difcorde d'Homère, foient obfcures, ce font des figures magnifiques. Elles
feroient affez claires en peintures, il eft vrai,
mais je craindrois qu'elles n'y devinffent ri-
dicules.

SECTION V.

Du Pouvoir.

OUTRE les chofes qui fuggèrent directement des idées de danger, & celles qui, par des caufes mécaniques, produifent le même effet, je ne connois rien de fublime qui ne foit une modification du *pouvoir*. Cette branche vient auffi naturellement de la terreur que les deux autres ; & cette terreur eft le fonds général de tout ce qui eft fublime. L'idée du *pouvoir* au premier coup d'œil, paroit être du nombre de ces idées indifférentes qui appartiennent également, ou au plaifir, ou à la douleur. Cependant la fenfation qui vient de l'idée d'un grand *pouvoir*, eft réellement fort éloignée de ce caractère neutre. Car il faut d'abord que nous nous fouvenions que l'idée de la douleur dans fon plus haut point, eft bien plus forte que celle du plus grand plaifir, & qu'elle conferve la même fupériorité dans toutes les gradations fubordonnées. C'eft de là que, quand ce font en quelque façon les mêmes hazards pour les dégrés égaux de douleur, ou de plaifir, l'idée de la douleur doit toujours l'emporter fur celle du plaifir. En effet les idées de douleur, & fur-tout celles de la mort, affectent au point que, tant que nous fommes en préfence de tout ce qui eft fuppofé avoir le pouvoir de faire l'une ou l'autre, il eft impoffible que nous foyons tout-à-fait à l'abri de la terreur. De plus nous favons par expérience qu'il n'eft point du tout néceffaire de faire de grands efforts, de mettre en ufage un grand *pouvoir* pour jouir du plaifir. Nous favons pareillement que ces efforts contribueroient en grande partie à détruire notre fatisfaction : car il faut prendre le plaifir pour ainfi dire à la dérobée, & non pas le forcer. Il ne marche qu'à la fuite de la volonté ; auffi le

devons-nous généralement à des chofes d'une
force très inférieure à la nôtre. Pour la douleur, elle nous vient toujours par un *pouvoir*
en quelque façon fupérieur, parce que nous
ne nous foumettons jamais volontiers à la
douleur. Ainfi la force, la violence, la douleur, & la terreur, font des idées qui s'empa-
rent toutes de l'efprit dans le même inftant.
Jettons les yeux fur un homme, ou fur tout
autre animal d'une force prodigieufe ; quelle
eft l'idée qui précédera la réflexion ? nous
repréfenterons - nous cette force comme devant fervir, dans quelque fens que ce foit, à
nos befoins, ou a nos plaifirs, ou bien à nous
procurer de l'aifance ? Non, affurément.
L'émotion que nous fentirons fera un effet
de la crainte que nous aurons d'abord, que
cette force énorme ne foit employée à la ra-
pine, ou à la deftruction. Ce *pouvoir* tire
toute fa fublimité de la terreur qui généralement l'accompagne. C'eft ce que fera voir

évidemment son effet dans le petit nombre
de circonstances, où il est possible de le priver
d'une grande partie de la force qu'il peut
avoir pour faire du mal. Qu'on l'en prive,
on lui ôte tout ce qu'il a de sublime, & dèslors il perd toute son importance. Un bœuf
est un animal extrêmement fort, mais c'est
un animal innocent, & très utile ; il n'est
point du tout dangereux ; c'est aussi pour cette
raison là que l'idée d'un bœuf n'est point une
idée sublime. Le taureau est un animal également fort, mais sa force est d'une autre espèce ; pour la plupart du tems elle est très
destructive, & rarement, au moins chez nous,
l'emploie-t'on à des travaux utiles. L'idée
que l'on a d'un taureau, est sublime, & souvent elle trouve place dans des descriptions
sublimes, dans des comparaisons élevées. Examinons un autre animal pareillement fort,
sous les deux jours distincts sous lesquels
nous pouvons le considérer. Le cheval re-
gardé

gardé comme animal utile, propre à tirer la charue, bon pour courir la poſte, & excellente bête de ſomme ; le cheval vu dans tous les cas où il peut être utile à la ſociété, n'a rien du ſublime. Nous ſommes affectés bien différemment par celui « dont la crinière en ſe hé-
» riſſant, fait entendre un bruit ſemblable à
» celui du tonnère, qui par le ſouffle fier de
» ſes narines répand la terreur, qui écume,
» frémit, & ſemble manger la terre, & qui
» eſt intrépide au ſon des trompettes qu'il
» entend. *Job. chap. 39.*

Dans cette deſcription l'utilité du cheval diſparoit entièrement, le terrible & le ſublime ſe préſentent enſemble, & frappent ſeuls. Nous ſommes continuellement entourés d'a-nimaux d'une force conſidérable, mais qui ne ſont pas dangereux. Ce n'eſt point parmi ces animaux que nous cherchons le ſublime ; il ne nous frappe que dans les forêts que le ſo-leil perce à peine, dans les déſerts où l'on

n'entend que des hurlemens, fous la figure,
ou d'un lion, ou d'un tigre, ou d'une pan-
thère, ou d'un rinocéros. Toutes les fois que la
force n'eſt qu'utile, ou qu'elle n'eſt employée
que pour notre plaiſir, elle n'eſt jamais ſublime. En effet, nul objet ne peut agir agréablement pour nous, s'il n'agit conformément
à notre volonté ; mais pour agir conformément à notre volonté, il faut qu'il nous ſoit
ſoumis ; par conſéquent il ne peut pas être la
cauſe d'une idée grande & ſublime. La deſcription de l'âne ſauvage dans Job n'eſt pas
peu ſublime, & elle ne l'eſt que parce qu'elle
inſiſte ſur ſa liberté, & ſur ce qu'il défie le
genre humain ; autrement la deſcription d'un
pareil animal n'auroit eu rien de noble en
ſoi.

  » De qui tient-il la liberté, l'âne ſauvage,
» auquel j'ai donné les déſerts pour habita-
» tion, & les terres ſtériles pour retraite ? Il
» mépriſe l'embarras des villes, il ſe ſoucie

» peu de la voix d'un conducteur impérieux.
» *Job. chap.* 39.

La defcription magnifique de la licorne
& du léviatan dans le même Livre eft remplie
de la même fublimité.

» Le rinocéros voudra-t'il bien vous fer-
» vir, l'attacherez-vous à la chaine pour le
» faire labourer, compterez-vous fur lui à
» caufe de fa grande force ? *Job. chap.* 39.

» Pourez-vous prendre la baleine avec un
» hameçon ? fera-t'elle avec vous un pacte ?
» en ferez-vous votre efclave pour toujours ?
» Qui pouroit la voir fans être épouvanté ?
» *Job. chap.* 40.

Enfin en quelqu'endroit que nous trou-
vions la force, & fous quelque jour que nous
regardions le *pouvoir*, nous remarquerons
que le fublime va toujours de compagnie
avec la terreur, & qu'une force fubordon-
née qui ne peut point faire de mal, bien loin
qu'on la redoute, n'eft qu'un objet d'indiffé-

rence, pour ne pas dire de mépris. Les chiens, dans la plupart de leurs espèces, ont en général un certain dégré de force & de vitesse ; ils les emploient, ainsi que plusieurs autres qualités qui sont également avantageuses, ou pour notre commodité, ou pour notre plaisir. De tous les animaux ce sont les plus sociables, ceux qui nous sont le plus attachés, ceux enfin qui méritent le plus qu'on les aime. Cette affection, comme l'amour en général, tient beaucoup plus qu'on ne l'imagine, de la familiarité, disons plus, du (1) mépris ; en effet quoique nous caressions les chiens, nous nous servons de la dénomination qui les caracté-

(1) Le mot Anglois *contempt*, signifie tantôt le mépris qu'inspire le vice, la bassesse, & tantôt l'indifférence que l'on a pour des choses médiocres, le peu de cas qu'on en fait. J'attacherois ici au mot *mépris* à peu près l'idée qu'il présente dans le proverbe qui dit que *la trop grande familiarité engendre le mépris.*

rife, pour faire les reproches les plus forts, pour témoigner le mépris le plus marqué. Je crois même qu'il n'eſt point de langue, où cette dénomination ne ſoit pas conſacrée au même uſage. Les loups à la vérité n'ont pas plus de force que pluſieurs eſpèces de chiens ; mais comme on ne peut pas dompter leur férocité, l'idée d'un loup n'eſt point mépriſable, indifférente ; elle n'eſt pas non plus exclue des deſcriptions, des comparaiſons grandes & ſublimes. C'eſt ainſi que nous ſommes affectés par la force qui eſt le *pouvoir* naturel. L'idée du *pouvoir* établi dans un Roi, dans un Chef, ſe trouve liée de la même manière à l'idée de la terreur. Souvent en parlant à des Souverains, on leur donne le titre de Majeſtés terribles, de Princes formidables. On peut auſſi remarquer qu'il y a de jeunes perſonnes qui ne connoiſſant le monde que fort peu, & qui n'ayant pas été dans l'habitude d'approcher des Grands, des Miniſtres,

font, lorfqu'elles paroiffent devant eux, fai-
fies de crainte & de refpect, & perdent l'ufage de leurs facultés, ou du moins cet air libre
& aifé qui leur eft naturel. » Quand je me
» préparai à prendre ma place dans la rue,
» les jeunes gens me virent, & ils fe retirè-
» rent pour aller fe cacher. *Job. chap.* 29.

Cette timidité à l'égard du *pouvoir* eft en
effet fi naturelle, elle fe trouve fi intimement
liée à notre tempérament, qu'il eft peu de
perfonnes qui puiffent la vaincre fans un grand
ufage du monde, ou fans forcer la nature de
leurs caractères. Je connois des gens qui penfent que l'idée du *pouvoir* n'eft jamais accompagnée, ni de refpect mêlé de crainte, ni
de terreur. Ils vont même jufqu'à dire que
nous pouvons contempler l'idée de Dieu fans
éprouver aucune émotion de cette nature.
C'eft à deffein que j'ai évité, quand j'ai com-
mencé à examiner le fujet préfent, d'intro-
duire l'idée de la grandeur de cet Etre terri-

ble, pour fervir d'exemple dans un ouvrage d'auffi peu de conféquence que celui-ci.
Cependant elle s'étoit fouvent préfentée à
mon efprit, non pour contredire les notions
que j'avois fur cet article, mais au contraire
pour m'y confirmer davantage. J'efpère que
dans ce que je vais dire, on ne m'accufera
pas de préfomption ; car il eft impoffible que
l'homme puiffe parler de l'Etre fuprême avec
la jufteffe, & l'exactitude qui conviennent. Je
dirai donc que la Divinité, quand nous la
confidérons purement comme objet de l'entendement humain, préfente une idée compliquée de *pouvoir*, de fageffe, de juftice,
de bonté ; ces qualités s'étendent bien au-delà
des bornes de notre efprit : en confidérant la
fublimité de la Divinité fous ce jour abftrait,
notre imagination, nos paffions ne font point
du tout affectées, ou elles le font peu. Mais
l'état de notre nature veut que nous nous éle-
vions jufques à ces idées pures & intellec-

tuelles par un médium d'images fensibles, &
que nous jugions de ces qualités divines, par
les actes qui en résultent évidemment ; c'est
ce qui fait qu'il est fort difficile de débarraf-
fer l'idée que nous avons de la caufe, de l'effet qui fert à nous la faire connoître. Ainfi
quand nous contemplons la Divinité, fes attributs & leur réfultat s'uniffent dans notre efprit, ils forment une efpèce d'image
fenfible, & comme tels, ils peuvent affecter
l'imagination. Mais lorfque nous nous faifons
une idée jufte de cette Divinité fuprême,
quoique tous fes attributs nous paroiffent peut-
être également grands, c'eft pourtant fon *pouvoir* qui nous frappe le plus. Il nous faut de
la réflexion, des comparaifons, pour parvenir à la connoiffance de fa fageffe, de fa juftice, de fa bonté, & pour en raifonner ; &
nous n'avons befoin que d'ouvrir les yeux pour
être frappés de fon *pouvoir.* Tandis que nous
contemplons un objet fi vafte, fi immenfe,

fous les yeux de ce Dieu Tout-Puiffant, dont la préfence univerfelle nous entoure de tous côtés, nous frémiffons de voir la petiteffe de notre être, nous fommes comme anéantis devant lui. Quoique les réflexions que nous pouvons faire fur fes autres attributs puiffent diffiper une partie de nos craintes, cependant, quelque convaincus que nous foyons de la juftice avec laquelle il exerce fon *pouvoir*, & de la miféricorde dont il le tempère, nous ne pouvons pas nous défaire entièrement de la terreur qu'infpire naturellement une force à laquelle rien ne peut réfifter. Si nous nous réjouiffons, ce n'eft qu'en tremblant. Au moment même où nous fommes comblés de fes bontés, la penfée qu'elles nous viennent d'un Etre Tout-Puiffant nous fait trembler. Quand le Prophète David contemple les merveilles de la fageffe & du *pouvoir* que l'on remarque dans l'œconomie avec laquelle l'homme a été fait, il paroit faifi d'une efpèce de fainte horreur , & il s'écrie , ʺ Je fuis fait pour vous craindre , ô ʺ mon Dieu , & pour admirer vos ouvrages.

On lit dans un Poète Payen un fentiment d'une nature tout-à-fait femblable. Horace perfuadé & même convaincu que c'eft le plus grand effort du courage philofophique de regarder fans terreur , fans étonnement , cet univers qui prouve bien l'immenfité, la gloire de celui qui l'a fait , dit,

Hunc folem , & ftellas , & decedentia certis
Tempora momentis , funt qui formidine nullâ
Imbuti fpectant. *Hor. Ep. l. 1.*

ʺ Il fe trouve des perfonnes qui voient , ʺ fans en être frappées , l'admirable mouve- ʺ ment du foleil , & l'invariable viciffitude ʺ des faifons qui s'écoulent régulièrement ʺ dans certains tems.

Lucrèce qu'on ne peut pas foupçonner d'avoir jamais donné dans ces terreurs qu'engendre la fuperftition , quand il fuppofe tout

le mécanisme de la nature étalé par le maitre
de sa philosophie, ne laisse voir le transport
que lui cause la vue de cet ouvrage majestueux
qu'il a représenté avec des couleurs si fortes,
si vives, en un mot si poëtiques, qu'à travers
les nuages de l'horreur & de la terreur secrète
dont il est saisi.

His tibi me rebus quædam divina voluptas
Percipit, atque horror, quod sic natura tuâ vi
Tam manifesta patet ex omni parte retecta.

Lucrec. l. 3.

» Ces choses me remplissent l'ame d'un
» certain plaisir divin, je l'avoue ; je suis
» saisi d'étonnement, quand je vois avec
» quelle clarté tu as su par la force de ton
» génie, développer la nature entière qui étoit
» auparavant si cachée en elle même.

L'Ecriture Sainte peut seule donner des
idées qui répondent à la majesté du sujet. Là,
par tout où Dieu est représenté comme pa-
roissant dans sa gloire, & faisant entendre

ſa parole aux hommes , tout ce qu'il y a de terrible dans la nature ſe trouve raſſemblé pour augmenter le reſpect mêlé de crainte qu'inſpire la préſence de la Majeſté Divine. Les Pſeaumes, ainſi que les Livres des Prophètes ſont tout remplis d'exemples de ce genre.

» La terre fut ébranlée , & les cieux fondirent en eaux devant le Seigneur. *Pſeau.*
» 67.

Et ce qu'il y a de remarquable , c'eſt que ce ſont le même coloris & la même majeſté, non-ſeulement quand on ſuppoſe que Dieu deſcend pour ſe venger des méchans , mais même quand il fait voir également ſon *pouvoir* en comblant les hommes de ſes bontés infinies.

» Tremble , ô terre , devant le Seigneur,
» devant le Dieu de Jacob , qui changea la
» pierre en des torrents d'eaux , & la roche
» en des fontaines. *Pſeau.* 113.

Je ne finirois pas , ſi je voulois rapporter

tous les paſſages des Ecrivains, tant ſacrés que profanes, qui établiſſent le ſentiment général de tous les hommes ſur l'union inſéparable du reſpect mêlé de crainte du à la Divinité, avec les idées que nous avons de cette même Divinité. Il eſt une maxime qu'il ſemble que nous devions à ces idées, & que je crois très fauſſe à l'égard de l'origine de la vraie religion. *Primus in orbe Deos fecit timor*. C'eſt la crainte qui a fait les premiers Dieux dans l'univers, dit Lucain, qui a bien vu que ces deux idées étoient inſéparables, mais qui n'a pas conſidéré que la notion d'un *pouvoir* ſuprême doit toujours précéder la terreur qu'il inſpire. Il eſt pourtant vrai que cette terreur doit abſolument être la conſéquence de l'idée d'un pareil *pouvoir*, quand une fois l'eſprit ſe l'eſt formée. C'eſt en conſéquence de ce principe que la vraie religion a, & doit avoir ce précieux mélange, ce mélange ſalutaire de reſpect & de crainte, & que les autres reli-

gions n'ont en général d'autre fondement que
la crainte. Avant que la religion chrétienne
eût pour ainsi dire humanisé l'idée de la Divinité, & qu'elle l'eût rapprochée de nous,
il étoit peu question du vrai amour de Dieu.
Les Sectateurs de Platon n'en parlent que fort
légèrement. Pour les autres Ecrivains de l'antiquité payenne, soit Poëtes, ou Philosophes,
ils n'en ont fait aucune mention. Ceux qui
examineront l'attention infinie que doit avoir
l'homme, le mépris total qu'il faut qu'il ait
pour tout objet périssable, la longue pratique
de piété & de contemplation qu'il est obligé
d'observer, pour parvenir à aimer Dieu comme il le doit, à l'adorer, verront aisément
que ce n'est pas le premier effet, l'effet le
plus naturel & le plus frappant que produise
cette idée. Nous avons décrit le *pouvoir* dans
ses différentes gradations, même jusqu'à celle
où se perd enfin notre imagination ; nous
avons vu la terreur, sa compagne inséparable,

s'avancer du même pas que lui ; nous l'avons vue s'accroître comme lui, du moins autant qu'il nous à été poffible de l'appercevoir ; il n'eft donc pas douteux que le *pouvoir* ne foit une des principales fources du fublime. Cette fection fait voir évidemment d'où il tire fa force, & dans quelle claffe d'idées il faut le placer.

SECTION VI.

De la Privation.

TOUTES les *privations* générales font fublimes, parce qu'elles font toutes terribles ; tels font le vuide, les ténèbres, la folitude, le filence. Que de feu & d'imagination, que d'exactitude & de jugement dans Virgile, quand il raffemble ces circonftances, où il fait que toutes les images majeftueufes & terribles doivent être réunies, à la bouche de l'Enfer, où avant que de dévoiler les secrets du vaste abîme, il paroit être saisi de l'horreur qu'inspire ce séjour des morts, & se retirer étonné de la hardiesse de son projet.

> Dii quibus imperium est animarum, umbræque silentes!
> Et Chaos, & Phlegeton! loca nocte silentia late!
> Sit mihi fas audita loqui; sit numine vestro
> Pandere res altâ terrâ & caligine mersas.
> Ibant obscuri, solâ sub nocte, per umbram,
> Perque domos ditis vacuas, & inania regna.
>
> *Virg. En. l. 6.*

» Dieux de l'empire des Morts, Ombres
» paisibles, Chaos, Phlégéton, vastes lieux
» où regnent la nuit & le silence, souffrez
» que je raconte ce que j'ai entendu, & que
» je révèle des secrets ensevelis dans les té-
» nébreux abîmes de la terre. Ils marchoient
» seuls dans le vaste empire de Pluton, dans
» ces lieux deserts & obscurs, habités par
» de vaines Ombres, tels que des voyageurs
» qui

» qui traverfent pendant la nuit une fombre
» forêt.

SECTION VII.

De la Grandeur quant à l'étendue.

LA *grandeur* (1) dans les dimenfions produit fouvent le fublime. La chofe eft trop
évidente , & la remarque trop commune
pour qu'il foit befoin d'avoir recours à des
exemples. Mais il n'eft pas fi ordinaire de
remarquer de quelle manière la *grandeur*
dans les dimenfions, l'immenfité dans l'étendue , ou dans la quantité, produifent l'effet
le plus frappant. En effet , il eft certain qu'il
y a des manières & des modes avec lefquels
la même quantité d'étendue produira de plus

_____

(1) Part. 4. Sect. 9.

Tome I. L

grands effets, qu'on ne trouve qu'elle fait dans
d'autres. On confidère l'étendue , ou quant
à la longueur , ou quant à la hauteur, ou
quant à la profondeur. C'eſt la première qui
frappe le moins ; un terrein uni de cinquante,
ou ſoixante toiſes de long, ne produira jamais
l'effet d'une tour de ſoixante toiſes de haut ,
ou d'un rocher , ou d'une montagne de la même hauteur. J'imaginerois pareillement que
la hauteur eſt moins ſublime que la profondeur. Je croirois que nous ſommes plus frappés de voir d'en haut le fonds d'un précipice
que de regarder d'en bas un objet de la même
hauteur ; je ne l'aſſurerois pourtant point. La
perpendiculaire a plus de force pour produire
le ſublime, que n'en a un plan incliné ; & les
effets d'une ſurface raboteuſe & fort inégale ,
paroiſſent à cet égard ſupérieurs à ceux d'une
ſurface unie & polie. Ce ſeroit nous écarter de
notre ſujet que d'entrer ici dans l'examen de la
cauſe de ces apparences , qui certainement don-

nent ample matière à spéculation. Je me contenterai donc d'ajouter à ces remarques sur la *grandeur* quant à l'étendue, que comme la dimension poussée à son plus haut point est sublime, la petitesse réduite au plus bas, l'est pareillement en quelque façon./ Quand nous réfléchissons à la divisibilité infinie de la matière, quand nous examinons la vie animale jusques dans ces êtres qui, quoiqu'extrêmement petits, sont pourtant organisés, & qui échappent à la recherche la plus exacte, & la plus fine de nos sens ; quand nous poussons nos découvertes encore plus loin, que nous considérons des êtres plus petits de tant de dégrés, ceux enfin qui approchent encore plus des derniers échelons de l'échèle de l'existence, ces atômes presqu'invisibles que nos sens & notre imagination peuvent à peine tracer, & dans lesquels ils se perdent, nous restons étonnés des merveilles de la petitesse, nous sommes confondus ; nous ne pouvons

pas non plus diſtinguer dans ſon effet cet extrême de la petiteſſe, de celui de la *grandeur*
même conſidérée quant à l'étendue. En effet,
il faut que la diviſion, ainſi que l'addition ſoit
infinie, parce qu'on ne peut pas plus parvenir
à l'idée d'une unité parfaite, qu'à celle d'un
tout complet auquel il n'eſt pas poſſible de
rien ajouter.

SECTION VIII.
De l'Infinité.

IL eſt encore une autre ſource du ſublime,
c'eſt *l'infinité*, ſuppoſé qu'elle n'appartienne
pas plutôt en quelque façon à la grandeur
quant à l'étendue. *L'infinité* tend à remplir
l'eſprit de cette eſpèce d'horreur qui donne
du *contentement*, & qui eſt l'effet le plus naturel, & la preuve la plus évidente, du ſublime. A peine y a-t'il des choſes qui, réelle-

ment infinies , ou telles par leur nature , puiſſent devenir des objets de nos ſens. Mais comme l'œil ne peut pas appercevoir les bornes de bien des choſes , elles paroiſſent être infinies , & elles produiſent le même effet , que ſi elles l'étoient effectivement. Nous nous trompons de même , quand les parties de quelque objet fort étendu , ſont portées à un nombre indéfini , de manière que l'imagination ne trouve aucun obſtacle qui l'empêche de les étendre à ſa volonté.

Toutes les fois que nous répétons ſouvent une idée , notre eſprit par une ſorte de mécaniſme , la répète long-tems après que la première cauſe a ceſſé d'agir (1). Lorſqu'après avoir tourné un certain tems , nous nous arrêtons , tous les objets qui nous environnent , paroiſſent encore tourner. Après un bruit ſuivi de quelques heures , comme celui

(1) Part. 4. Sect. 12.

de la chute des eaux, ou celui que font les
marteaux quand on forge, l'imagination femble entendre encore le bruit de ces marteaux,
& celui des eaux, quoiqu'il y ait long-rems
que les premiers fons aient ceffé de l'affecter;
ils fe perdent enfin prefqu'imperceptiblement.
Prenez un long bâton droit, tenez le fufpendu,
mettez votre œil à un des bouts, il vous pa-
roitra d'une longueur prefqu'incroyable. Pla-
cez fur ce bâton un certain nombre de mar-
ques uniformes & également éloignées les
unes des autres, elles vous feront tomber
dans la même erreur, elles vous fembleront
multipliées à l'infini. Lorfque les fens font
une fois fortement affectés d'une manière ou
d'une autre, il n'eft pas poffible qu'ils chan-
gent promptement d'état, ou qu'ils fe livrent
fubitement à d'autres chofes; ils reftent dans
leur fituation, jufqu'à ce que la force du premier moteur commence à fe perdre. C'eft là
la raifon de ce qui arrive fort fouvent aux

fous. Ils font des jours, des nuits, quelquefois des années entières, à répéter fans ceffe telle remarque, ou telle plainte, ou telle chanfon. Au commencement de leur frénéfie cette remarque a confidérablement frappé leur imagination dérangée; chaque fois qu'elle fe répète, elle acquiert toujours une force nouvelle; leurs efprits ne connoiffent plus de bornes, ils s'égarent, & les limites de leur raifon prolongent leur erreur jufqu'à la fin de leurs jours.

SECTION IX.

De la Succeffion & de l'Uniformité des parties.

LA fuccession & l'uniformité des parties font ce qui conftitue l'infini artificiel. Premièrement, il faut de la *fuccefsion*, pour que

les parties se contiennent si long-tems , &
suivant une direction telle , que par leurs
impulsions fréquentes sur les sens affectés elles
mettent dans l'imagination une idée du progrès qu'elles ont fait au delà de leurs bornes
actuelles. Secondement , *l'uniformité* est nécessaire ; car si l'on changeoit la figure des
parties , l'imagination trouveroit à chaque
changement un obstacle , à chaque changement on verroit la fin d'une idée & le commencement d'une autre. C'est ce qui feroit
qu'il feroit impossible de continuer sans interruption cette progression , qui seule peut
imprimer le caractère de l'infinité à des objets bornés (1). C'est, à ce que j'imagine, dans

_____

(1) M. Addison dans son Spectateur, touchant les
plaisirs de l'imagination , croit que c'est parce que
dans la Rotonde d'un seul coup d'œil on voit la
moitié de l'édifice. Je ne crois pas que ce soit là la
véritable cause.

cette espèce d'infinité artificielle, que nous devons chercher la cause pour laquelle une
rotonde fait un si bel effet. Car, dans une rotonde, soit que ce soit un édifice, ou bien
un plan d'arbres, il n'est point d'endroit où
vous puissiez fixer des bornes. Tournez-vous
de tel côté que vous voudrez, il paroit toujours que le même objet reste, & l'imagination n'a point de repos. Il faut que les parties
soient uniformes & circulaires, pour donner
à cette figure toute sa force, parce que la
moindre différence marquée, soit dans la
disposition, soit dans la figure, ou même
dans la couleur des parties, préjudicie beaucoup à l'idée d'infinité que toute espèce de
changement doit affoiblir, diviser, puisqu'à
chaque changement commence une nouvelle
suite. D'après les mêmes principes de *succession* & *d'uniformité*, il sera aisé de rendre
raison de l'air de grandeur qu'avoient les
anciens Temples Payens, qui étoient géné-

ralement de figure oblongue , avec un rang de
piliers uniforme de chaque côté. C'eſt auſſi
à la même cauſe que l'on pèut attribuer le
grand effet que produiſent les ailes des nefs
d'un grand nombre de nos vieilles Cathédra-
les. La forme d'une croix que l'on a employée dans quelques Egliſes , ne me paroit
pas être d'un auſſi bon choix que le paralléé-
lograme des Anciens. J'imagine du moins
qu'elle ne va pas ſi bien pour l'extérieur. Car ,
ſuppoſé que les bras de la croix ſoient égaux
en tous ſens , ſi vous vous mettez parallele-
ment à aucune des murailles latérales , ou des
colonades , au lieu de vous trouver dans le cas
de croire l'édifice plus grand qu'il n'eſt , vous
en perdez une partie conſidérable , les deux
tiers de ſa longueur actuelle ; c'eſt ſans doute
pour empêcher toute poſſibilité de progreſ-
ſion , que les bras de la croix , prenant une nouvelle direction , font une angle droit avec le
rayon , par là ils éloignent entièrement l'imagi-

nation de la répétition de la première idée.
Ou bien, suppofons le spectateur placé dans
un endroit, d'où il puiffe voir directement un
pareil édifice, quelle en fera la conféquence ?
qu'il doit perdre immanquablement une bonne partie de la bafe de chaque angle formé
par l'interfection des bras de la croix ; qu'il
faut que le tout prenne une figure démem-
brée, fans connexion ; les jours feront iné-
gaux, ici il les trouvera forts, là ils feront
foibles ; le tout fans cette belle gradation que
produit toujours la perfpective dans les parties difpofées de fuite en ligne droite. Quelques-unes de ces objections, ou toutes enfemble, iront contre tous les édifices qui
font faits en forme de croix, fous quelque
point de vue que vous les regardiez. Je l'ai
prouvé par l'exemple de la croix grecque, où
ces défauts font plus vifibles que dans aucune
autre figure ; mais ils le font toujours dans
toutes fortes de croix. Et en effet il n'y a

rien qui préjudicie tant à la grandeur majef-
tueule des édifices que l'abondance des an-
gles. Ce défaut frappe dans beaucoup de bâtimens ; c'eft à un gout outré pour la variété ,
que l'on doit l'attribuer. Toutes les fois qu'il
prévaut , il laiffe très peu de place pour le vrai
gout , le bon gout.

SECTION X.

De la Grandeur dans les Edifices.

IL paroit que la *grandeur* dans les dimenfions
eft néceffaire au fublime en fait d'édifices ; car
il n'eft pas poffible qu'un petit nombre de
parties, petites par elles-mêmes, donne à l'imagination aucune idée d'infinité. Si les dimenfions ne font pas auffi grandes qu'il convient,
quelle que foit l'excellence du gout qu'on y aura employé, elle ne dédommagera jamais de ce

défaut. On ne doit pas craindre que cette règle faſſe concevoir à perſonne des projets extravagans, il ſuffit de la conſidérer, pour ne pas être tenté d'en former. Trop de longueur dans un édifice détruit le but du ſublime qu'on vouloit établir ; la perſpective en diminue la hauteur en proportion de ce qu'il gagne en longueur , & le réduit enfin à un point ; elle réduit toute la figure à une eſpèce de triangle ; & c'eſt de preſque toutes les figures qui peuvent frapper la vue , la plus pauvre dans ſon effet. J'ai toujours remarqué que les colonades & les avenues d'arbres d'une longueur modérée , ont ſans comparaiſon un bien plus grand air, que ſi on les prolongeoit immenſement. Le vrai Artiſte doit toujours tromper agréablement les ſpectateurs : pour exécuter de grands projets , il faut qu'il n'ait recours qu'à des moyens faciles. Les deſſeins qui doivent leur grandeur uniquement à leurs dimenſions , annoncent tou-

jours une imagination ordinaire & peu élevée. Les ouvrages de l'art ne peuvent être
vraiment sublimes qu'autant qu'il y a de l'il-
lusion ; il n'appartient qu'à la nature de l'être
autrement, c'est sa prérogative. L'œil juste
fixera le vrai milieu entre une longueur, ou
une hauteur excessive, car la même objection
regarde l'une & l'autre, & une quantité courte, ou interrompue. Je pourois, je crois, le
fixer moi même avec un certain dégré d'exactitude, si mon projet étoit d'entrer fort avant
dans les particularités d'aucun art.

SECTION XI.

De l'Infinité dans les Objets agréables.

L'INFINITÉ, quoique différente ici de
celle dont il vient d'être question, entre pour
beaucoup dans le *plaisir* que nous donnent

les images agréables, auffi bien que dans le
contentement qui nous vient de celles qui font
fublimes. Le printems eft la plus agréable de
toutes les faifons ; les petits de la plupart
des animaux, quoiqu'il s'en faille beaucoup
qu'ils foient bien formés, produifent une fenfation plus agréable que les grands, parce
que l'imagination fe plaît à efpérer, à fe pro-
mettre quelque chofe de plus, & qu'elle ne
fe contente pas de ce qui la frappe dans le
moment préfent. Dans des efquiffes impar-
faites j'ai quelquefois vu des chofes qui m'ont
fait bien plus de plaifir que les tableaux les
mieux finis ; & je crois devoir l'attribuer à la
caufe que je viens d'affigner.

SECTION XII.

De la Difficulté.

ON doit regarder la *difficulté* comme une autre (1) source du sublime. Toutes les fois qu'un ouvrage paroit avoir demandé beaucoup de force & de travail pour l'exécution, l'idée qu'on en conçoit, est sublime. Stonehenge (2) n'a rien d'admirable, ni pour la disposition, ni pour l'ornement ; mais ces

(1) Part. 4. Sect. 4. 5. 6.

(2) Monceau de pierres d'une grandeur énorme, qu'on voit proche de Salisbury dans la plaine qui porte ce nom. Ces pierres sont si pesantes, elles sont placées les unes sur les autres à une hauteur si considérable, qu'il n'y a point de machine aujourd'hui, qui pût les élever si haut. On y reconnoit encore la forme d'un cercle qui paroit avoir été très régulier. Bien des gens supposent que c'étoit autrefois le Temple des Druides.

grandes

grandes pierres qui, pofées perpendiculaire-
ment, & entaffées les unes fur les autres,
forment des efpèces de montagnes efcarpées,
portent & fixent l'efprit fur la force immenfe
néceffaire pour faire un pareil ouvrage. Le
raboteux, le fauvage de cet enfemble, augmente cette caufe du fublime, en tant qu'il
exclud toute idée d'art & d'arrangement étudié. Quant à l'adreffe, elle produit une autre efpèce d'effet, qui diffère affez de celui-ci.

SECTION XIII.

De la Magnificence.

LA *magnificence* eft pareillement une fource du fublime. Une grande profufion de chofes fplendides, ou précieufes en elles-mêmes, eft magnifique. Le ciel étoilé, quoiqu'il fe préfente fi fouvent à notre vue, ne

manque jamais d'exciter en nous une idée de grandeur. On ne peut pas attribuer cet effet à rien dans les étoiles, si on les considère féparément ; c'est certainement le nombre qui en est la caufe. Le défordre apparent augmente la grandeur ; car il fuffit que quelque chofe paroiffe recherché , étudié , pour être dèslors contraire aux idées que nous avons de la *magnificence*. De plus les étoiles fe trouvent dans une confufion fi frappante qu'il eft impoffible, fans la plus grande attention, de les compter. Cela leur donne l'avantage de paroître en quelque façon infinies. Dans les ouvrages de l'art , cette forte de grandeur, qui confifte dans le nombre , ne doit être admife qu'avec beaucoup de précaution , parce que d'abord , ou l'on ne pouroit pas parvenir à une certaine profufion de chofes excellentes, ou ce ne feroit qu'avec trop de difficulté ; en fecond lieu , parce que dans bien des cas, cette brillante confufion détruiroit toute efpèce d'utilité, à laquelle il faut faire la plus exacte attention dans la plupart des ouvrages de l'art. On doit remarquer qu'à moins qu'on ne puisse produire une apparence d'infinité par le désordre, on n'aura que ce dernier sans *magnificence*. Il y a pourtant des espèces de feux d'artifice, & plusieurs autres choses, qui par là réussissent bien, & qui sont vraiment grands. On trouve aussi dans les Poètes & les Orateurs bien des descriptions, qui doivent leur sublimité à la richesse & à l'abondance des images, qui éblouissent l'esprit de manière qu'il nous est impossible d'observer dans les allusions cette liaison exacte, cet accord parfait, que nous exigerions dans toute autre occasion. Je ne me souviens pas pour le présent à cet égard d'un exemple plus frappant que la description de l'armée royale qu'on lit dans la Tragédie d'Henri IV.

All furnished, all in arms,
All plumed like ostriches that with the wind

Baited like eagles having lately bathed :
As full of fpirit as the month of May,
And gorgeous as the fun in midfummer,
Wanton as youthful goats, wild as young bulls.
I faw young Harry with his beaver on
Rife from the ground like Mercury ;
And vaulted with fuch eafe into his feat
As if an angel dropped down from the clouds
To turn and wind a fiery Pegafus.

» Tous étoient cuiraffés, tous étoient ar-
» més, tous avoient des plumes fur leurs tê-
» tes, femblables à des autruches qui battent
» des ailes au gré des vents, comme des ai-
» gles qui viennent de fe baigner ; ils avoient
» la vivacité & le feu de la jeuneffe la plus
» ardente, & leurs habits étoient auffi brillans
» que le foleil, qui darde fes rayons fur les
» richeffes de l'Afrique ; ils fautoient com-
» me de tendres agneaux, ils couroient çà &
» là comme de jeunes taureaux. J'ai vu le
» jeune Henri avec fon plumet fur la tête,
» s'élancer comme un autre Mercure, & fe
» placer auffi aifément fur fon courfier que

» l'eût fait un Ange qui feroit forti des nua-
» ges, pour venir manier & conduire un Pé-
» gafe furieux.

Dans cet excellent livre, fi remarquable
par la vivacité de fes defcriptions, ainfi que
par la folidité & la profondeur de fes idées &
de fes penfées, intitulé l'Eccléfiaftique, on
trouve un beau panégirique du Grand-Prêtre
Simon fils d'Onias. Nous pouvons le citer
comme un très bel exemple pour prouver la
vérité de ce que nous avançons.

» Lorfqu'il fortoit du Temple, il étoit com-
» blé d'honneurs & de gloire au milieu du
» peuple ; il étoit comme l'étoile du matin
» au milieu des nuages, & comme la lune,
» quand elle eft dans fon plein ; comme un
» autre foleil qui brille fur le Temple du
» Très-Haut, & comme un Arc-en-ciel dont
» les couleurs vives & brillantes illuminent
» les nuages où il s'eft formé ; comme la rofe
» que le Printems voit éclorre, & comme

M iij

» les lis qui croiſſent le long des rivières ;
» comme l'arbre qui en diſtillant l'encens, par-
» fume les airs pendant l'été , & comme le
» feu & l'encens dans l'encenſoire ; comme
» un vaſe d'or maſſif, orné de pierres précieu-
» ſes ; comme un bel olivier chargé de fruits,
» comme un ciprès qui élève ſa tête juſqu'aux
» nues. Lorſqu'il prenoit ſa robe de gloire , &
» qu'il ſe paroit de tous les ornemens de ſa
» dignité , pour monter au ſaint autel , il
» ſembloit ajouter à la ſainteté & à la gloire
» de ſes ornemens , il ſe tenoit debout , com-
» me un jeune cèdre ſur le Liban , entouré
» de ſes frères , à côté de l'autel , où ils
» étoient raſſemblés comme des palmiers au-
» tour de lui. Tous les enfans d'Aaron l'en-
» vironnoient dans leur gloire ; ils tenoient
» dans leurs mains les oblations qui devoient
» être préſentées au Seigneur. &c. *Ecclé-
» ſiaſtiq. chap. 50.*

SECTION XIV.

De la Lumière.

APRÈS avoir confidéré l'étendue comme capable de produire des idées de grandeur, c'eft la couleur que nous avons à examiner à préfent. Les remarques fuivantes nous fuffiront. Toutes les couleurs dépendent de la *lumière.* Nous verrons donc avant toutes chofes ce que c'eft que la *lumière*, ainfi que fon contraire, l'obfcurité. A l'égard de la *lumière*, pour en faire une caufe capable de produire le fublime, il faut qu'elle foit accompagnée de quelques circonftances, outre la fimple faculté qu'elle a de faire voir d'autres objets. La *lumière* purement comme telle, eft une chofe trop commune pour faire une forte impreffion fur l'efprit; & il ne peut rien y avoir de fublime fans une forte impreffion.

M iv

Cependant, une *lumière*, telle que celle du foleil, préfente une très grande idée au premier moment, où agiffant fur les yeux, elle anéantit pour ainfi dire la vue. Si une *lumière* court avec beaucoup de célérité, quoiqu'elle foit d'une force inférieure à la précédente, elle a le même effet. Un éclair produit certainement une idée du fublime, qui n'eft principalement due qu'à l'extrême vélocité de fon mouvement. Le paffage rapide de la *lumière* à l'obfcurité, & de l'obfcurité à la *lumière*, a encore un bien plus grand effet. Mais l'obfcurité produit plus d'idées fublimes que la *lumière*. Notre grand Poëte en étoit convaincu; il étoit même fi rempli de cette idée, fi pénétré du pouvoir de l'obfcurité bien ménagée, qu'en décrivant la Divinité au moment où elle paroit, au milieu de cette profufion d'images magnifiques que la grandeur de fon fujet le force à répandre de tous côtés, il eft fort éloigné d'oublier l'obfcurité qui entoure le plus incompréhenfible de tous les êtres, car,

> With the majefty of darkneff round
> Circles his throne. *Milt.* P. P. *l.* 2.

» Il entoure fon trône de ténèbres pom-
» peufes, majeftueufes.

Et ce qui n'eft pas moins remarquable, c'eft que notre Auteur a eu le fecret de con-ferver cette idée au moment même, où il pa-roiffoit devoir s'en éloigner le plus, où il a décrit la *lumière* & la gloire que répand la préfence divine. Cette *lumière* par fon excès fe change en une efpèce d'obfcurité :

> Dark with exceffive light thy skirts appear.
> *Milt.* P. P. *l.* 3.

» Il femble que les extrêmités des rayons
» de ta gloire foient comme obfcurcies par
» fon éclat exceffif.

Voilà une idée qui n'eft pas feulement poé-tique au plus haut point, mais qui eft exacte-

ment & philosophiquement juste. Une grande *lumière* offusque les yeux, elle fait disparoi-
tre tous les objets, de manière à ressembler
exactement dans son effet à l'obscurité. Après
avoir fixé pendant quelque tems le soleil,
deux taches noires, qui font l'impression qu'il
laisse, semblent danser devant nos yeux. C'est
ainsi que deux idées qui sont aussi opposées
qu'on peut l'imaginer, se trouvent réunies
dans leurs extrêmes. Toutes deux, quoique
contraires l'une à l'autre par leur nature, concourent à produire le sublime. Ce n'est pas
là le seul exemple, où des extrèmes opposés
agissent également en faveur du sublime, qui
en tout abhorre la médiocrité.

SECTION XV.

De la Lumière dans les Bâtimens.

Comme la distribution de la *lumière* est une chose de grande importance en architecture, il n'est pas inutile d'examiner jusqu'à quel point cette remarque peut s'appliquer au bâtiment. Je pense donc que tous les édifices par lesquels on se propose de produire une idée sublime, devroient être sombres & obscurs, & cela pour deux raisons. La première est, que l'obscurité, même dans d'autres occasions, comme on le sait par expérience, a plus d'effet sur les passions que la *lumière*. La seconde est que pour rendre un objet fort frappant, on doit le rendre aussi différent qu'il est possible des objets que l'on vient de quitter. C'est pourquoi, quand on entre dans un bâtiment, on ne peut pas passer dans un plus grand jour que celui dont on jouissoit au grand air ; quelques dégrés de *lumière* de moins ne feroient même qu'un changement presqu'imperceptible. Pour rendre ce passage bien frappant, il faut passer de la plus grande lumière à une obscurité qui soit analogue, autant qu'il est possible, aux usages reçus en architecture. La nuit c'est tout le contraire, & toujours pour la même raison ; plus un appartement sera éclairé alors, plus la passion sera sublime.

SECTION XVI.

De la Couleur considérée comme productrice du Sublime.

PARMI les *couleurs*, celles qui sont douces, ou gaies, excepté peut-être le rouge foncé qui réjouit, ne sont pas propres à produire de grandes images. Une montagne immenfe, couverte d'un gazon verd, clair, & luifant, n'eft rien à cet égard, en comparaifon d'une autre qui l'auroit foncé, tirant fur le brun noir. Un ciel couvert de nuages eft plus fublime qu'un ciel azuré. La nuit a quelque chofe de plus majeftueux, de plus pompeux que le jour. C'eft pourquoi, en fait de peinture dans les morceaux d'hiftoire, une draperie gaie & brillante n'aura jamais un effet agréable; & en fait de bâtimens, fi l'on fe propofe de poufter les chofes au plus haut dégré du fublime, les matériaux, comme les ornemens, ne doivent être ni blancs, ni verds, ni jaunes, ni bleus, ni d'un rouge pâle, ni violets, ni tachetés; il faut qu'ils foient de couleurs triftes & fombres, comme le noir, le brun, le pourpre foncé, & autres femblables. Beaucoup de dorure, de mofaïques, de peintures, & de ftatues ne contribuent que fort peu au fublime. Il n'eft pourtant néceffaire de mettre cette règle en pratique , que dans le cas où l'on doit produire un dégré uniforme de la sublimité la plus frappante , & cela dans toutes les différentes parties. Il faut remarquer que , quoique cette sombre es-pèce de grandeur , soit assurément la plus su-blime , on ne doit pas l'employer dans toutes sortes d'édifices , où il faut pourtant faire usa-ge de la grandeur. Dans ces cas , c'est de quel-ques autres sources que l'on doit tirer la su-blimité , en observant de ne rien admettre de léger , ou de riant ; car ce seroit le moyen le plus sûr d'anéantir tout le gout du sublime.

SECTION XVII.

Du Son & du Bruit excessif.

L'Œil n'est pas le seul organe de sensation, qui puisse produire une passion sublime. Les *sons* ont un grand pouvoir dans ces sortes de passions, comme dans la plupart des autres. Je ne veux point parler des paroles ; car elles n'affectent pas simplement par leurs *sons*, mais par des moyens tout-à-fait différens. Un *bruit* excessif suffit pour étourdir l'esprit, pour suspendre son action, & le remplir de terreur. Le *bruit* d'une grande cataracte, ou d'une tempête furieuse, celui du tonnerre, ou d'une nombreuse artillerie, produit dans l'esprit une grande sensation, mélangée de crainte, & d'horreur ; cependant l'on ne peut appercevoir aucune exactitude, ni aucun art dans cette espèce de musique. Le *bruit* des acclamations d'un grand nombre de personnes produit un effet semblable. La seule force du *son* étonne, & confond l'imagination au point que dans ce trouble, dans cet embarras, où se voit l'esprit, les caractères les plus tranquilles ne peuvent résister au torrent, ils se laissent entrainer, & se joignent au cri commun , & aux réſolutions générales du grand nombre.

SECTION XVIII.

Du Son , ou du Mouvement ſubit.

IL en eſt de même du commencement ſubit, ou de la ceſſation ſubite du *ſon* , pour peu qu'ils ſoient conſidérables ; l'un & l'autre ont le même pouvoir. Ils réveillent l'attention , donnent , pour ainſi parler , l'allerte à toutes les facultés , & les mettent ſur leurs gardes. Tout ce qui, ou par la vue, ou par le *ſon* , rend le paſſage d'un extrême à un autre, aiſé , ne cauſe point de terreur , & par conſéquent ne peut point produire le ſublime. Dans tout ce qui eſt ſubit & inattendu, nous ſommes naturellement portés à reculer de peur & d'effroi ; c'eſt-à-dire, que nous avons une

idée

idée de danger, & que notre nature nous réveille pour que nous puiffions chercher à nous en préferver. On peut remarquer qu'un feul fon d'une certaine force, quoiqu'il ne foit pas d'une longue durée, s'il eft répété d'intervale en intervale, produit un effet fublime. Il eft peu de chofes plus majeftueufes que le fon d'une groffe cloche, quand l'heure fonne, & que le filence de la nuit empêche que l'attention ne foit trop diffipée. On peut dire la même chofe d'un feul coup de tambour, répété de tems à autre, & du bruit fucceffif de quelques canons que l'on tire à une certaine diftance. Tous les effets cités dans cette fection, ont des caufes à peu près femblables.

SECTION XIX.

Du Son, ou du Mouvement interrompu.

UN *son* bas, tremblant, interrompu, peut bien paroitre à quelques égards opposé à celui dont je viens de parler, mais il produit également le sublime. Examinons comment. Il faut observer auparavant que ce n'est que d'après sa propre expérience, d'après ses réflexions, qu'on peut décider le fait. J'ai déja remarqué (1) que la nuit augmente peut-être plus notre terreur qu'aucune autre chose. J'ajouterai que notre nature veut que, quand nous ne savons pas ce qui peut nous arriver, nous craignions ce qui peut nous arriver de pis. De-là vient que l'incertitude est si terri-

_____

(1) Sect. 3.

ble que fouvent nous cherchons à nous en tirer au hazard de tomber dans un malheur certain. Les fons bas , confus , incertains , nous
laiffent dans la même inquiétude, dans la même crainte touchant leurs caufes , que fait le
défaut de lumière, ou une lumière incertaine,
touchant les objets qui nous environnent.

> Quale per incertam lunam fub luce malignâ
> Eft iter in filvis. *Virg. En. l. 6.*

» En traverfant les forêts , on voit la lune
» couverte de nuages qui ne répand qu'une
» lumière foible & trompeufe.

Mais une lumière qui tantôt paroit , & tantôt difparoit , & alternativement & fuccef-
fivement , eft encore bien plus terrible que
les ténèbres les plus épaiffes. Par la même
raifon une efpèce de fons incertains, eft, quand
les difpofitions néceffaires concourent enfemble , bien plus allarmante que le filence le plus
profond.

N ij

SECTION XX.

Des cris des Animaux.

LEs fons qui imitent les voix naturelles, & non articulées des hommes, ou d'aucun autre animal qui fent de la douleur, ou qui eft en danger, peuvent donner des idées fublimes, à moins que ce ne foit la voix bien connue de quelque créature qu'on a accoutumée de regarder avec mépris, ou indifférence. Les fons furieux des bêtes fauvages font également capables de produire une grande fenfation mêlée de refpect & de crainte.

Hinc exaudiri gemitus, iræque leonum,
Vincla recufantum, & ferâ fub noĉte rudentum ;
Setigerique fues, atque in præfepibus urfi
Sævire, & formæ magnorum ululare luporum.
Virg. En. l. 7.

» Là on entend, aux approches de la nuit,

» rugir des lions rebelles qu'on enchaine, &
» hurler dans leurs prisons, des loups énor-
» mes, des ours, & des sangliers furieux.

On pourroit croire que ces modulations du
son ont quelque connexion avec la nature des
choses qu'elles représentent, & qu'elles ne
sont pas purement arbitraires ; car les cris
naturels de tous les animaux, même de ceux
que nous ne connoissons pas, se font toujours
assez comprendre. On ne peut pas dire la même chose du langage. Les modifications du
son, qui peuvent produire le sublime, sont
presqu'infinies. Celles dont j'ai fait mention,
ne sont que pour montrer sur quel principe
elles sont fondées.

SECTION XXI.

De l'Odorat & du Gout ; des Amers & des choses Puantes.

L'ODORAT & le *gout* entrent pareillement pour quelque chose dans les idées du sublime ; mais ce n'est que pour peu de chose ; par leur nature, ils n'y contribuent que foiblement ; ils sont aussi fort bornés dans leurs opérations. J'observerai seulement que l'*odorat*, ou le *gout*, ne peut produire une sensation sublime que par des *amers* excessifs, ou une *puanteur* insupportable. Il est vrai que ces sensations, quand elles sont dans toute leur force, & qu'elles touchent directement le *sensorium*, (1) sont simplement douloureuses ; elles ne

(1) Partie du cerveau qui passe pour être le siège de l'ame.

sont accompagnées d'aucune espèce de *contentement* ; mais quand elles sont modifiées, comme dans une description, ou une narration, elles deviennent des sources du sublime, aussi naturelles qu'aucune autre , & selon le principe d'une douleur modifiée. *Une mer d'amertume , une vie toute remplie d'amertume , &c.* voilà des idées qui sont toutes du ressort d'une description sublime. Ce passage de Virgile, où il fait si heureusement conspirer la puanteur de la vapeur d'Albunée avec l'horreur sacrée & le sombre effrayant de cette forêt prophétique , ne laisse pas d'être sublime.

At rex sollicitus monstrorum oracula fauni
Fatidici genitoris adit. Lucosque sub altâ
Consulit albuneâ, nemorum quæ maxime sacro
Fonte sonat ; sævamque exhalat opaca mephitim.

Virg. En. l. 7.

» Le Roi inquiet sur ces deux événemens,
» alla consulter le Dieu Faune son père. Il

» rendoit ſes Oracles dans une vaſte forêt,
» près de la fontaine d'Albunée, qui roulant
» ſes eaux avec grand bruit, exhale d'horri-
» bles vapeurs.

Dans le ſixième livre, & c'eſt une deſcription bien ſublime, l'exhalaiſon empoiſon-
née de l'Achéron n'eſt point oubliée ; elle va
aſſez bien avec les autres images dans leſ-
quelles elle ſe trouve comme enchaſſée.

Spelunca alta fuit, vaſtoque immanis hiatu
Scrupea, tuta lacu nigro, nemorumque tenebris :
Quàm ſuper haud ullæ poterant impune volantes
Tendere iter pennis, talis ſeſe halitus atris
Faucibus effundens ſupera ad convexa ferebat.

Virg. En. l. 6.

» Au milieu d'une forêt ténébreuſe, &
» ſous d'affreux rochers, eſt un antre pro-
» fond, environné des noires eaux d'un lac.
» De ſa large ouverture s'exhalent d'horri-
» bles vapeurs, & les oiſeaux ne peuvent
» voler impunément au deſſus.

J'ai ajouté ces exemples, parceque quel-

ques amis , au jugement defquels je m'en
fuis rapporté , comme je fais ordinairement,
ont été d'avis , que fi les idées , dont il eft
queftion ici , fe trouvoient feules , & toutes
nues , elles pouroient au premier coup d'œil
donner matière à plaifanterie , & être tour-
nées en ridicule. J'imagine pourtant que cela
ne viendroit principalement , que de ce que
l'on confidéreroit l'amertume & la puanteur
comme accompagnées d'idées baffes & mé-
prifables , avec lefquelles il faut avouer qu'elles fe trouvent fouvent unies : une pareille
union dégrade le fublime dans toute autre
circonftance, comme dans celle-ci. Pour être
bien fur de la fublimité d'une image , il
ne faut pas favoir fi elle devient baffe , quand
elle eft accompagnée d'idées baffes , mais fi,
quand elle fe trouve unie à des images d'une
fublimité dont tout le monde convient , le
tout fe foutient avec dignité. Les chofes qui
font terribles , font toujours fublimes ; mais,

quand les chofes ont des qualités qui font
défagréables , ou qui ont quelque dégré de
danger , & de danger que l'on peut éviter
aifément , elles ne font qu'odieufes , comme
les crapauds , & les arraignées.

SECTION XXII.

De la Senfation que produit le toucher, & de la Douleur.

TOUT ce qu'on peut dire de la *fenfation*
que produit le toucher , c'eft que l'idée de
la *douleur* corporelle dans tous les modes ,
& dans tous les dégrés du travail , de la douleur , du chagrin , du tourment , produit le
fublime. Rien autre chofe dans ce fens ne
peut le produire. Il n'eft pas néceffaire que je
donne ici de nouveaux exemples ; ceux des
fections précédentes rendent affez lumineufe

une remarque, qui n'a réellement befoin que de l'attention que demande la nature, pour que tout le monde la faffe.

Après avoir ainfi parcouru les caufes du fublime à l'égard de tous les fens, on trouvera ma première obfervation (1) affez vraie : c'eft celle où j'avance que le fublime eft une idée qui appartient à la confervation de foi-même. C'eft donc une de celles que nous avons, qui nous affectent le plus ; fa plus forte émotion eft une émotion de douleur, & il n'y a point de plaifir pofitif, ou abfolu (2), qui lui appartienne. On pourroit apporter des exemples fans nombre, outre ceux qu'on a déjà donnés pour appuyer ces vérités, & en tirer bien des conféquences peut-être fort utiles & très avantageufes.

(1) Sect. 7.
(2) Part. 1. Sect. 6.

Sed fugit intereà , fugit irrevocabile tempus,
Singula dum capti circumvectamur amore.

Virg. Geo. *l.* 3.

» Mais tandis que je m'amuſe à montrer
» le pouvoir de l'amour, le tems irrépara-
» ble s'enfuit.

Fin du Tome premier.